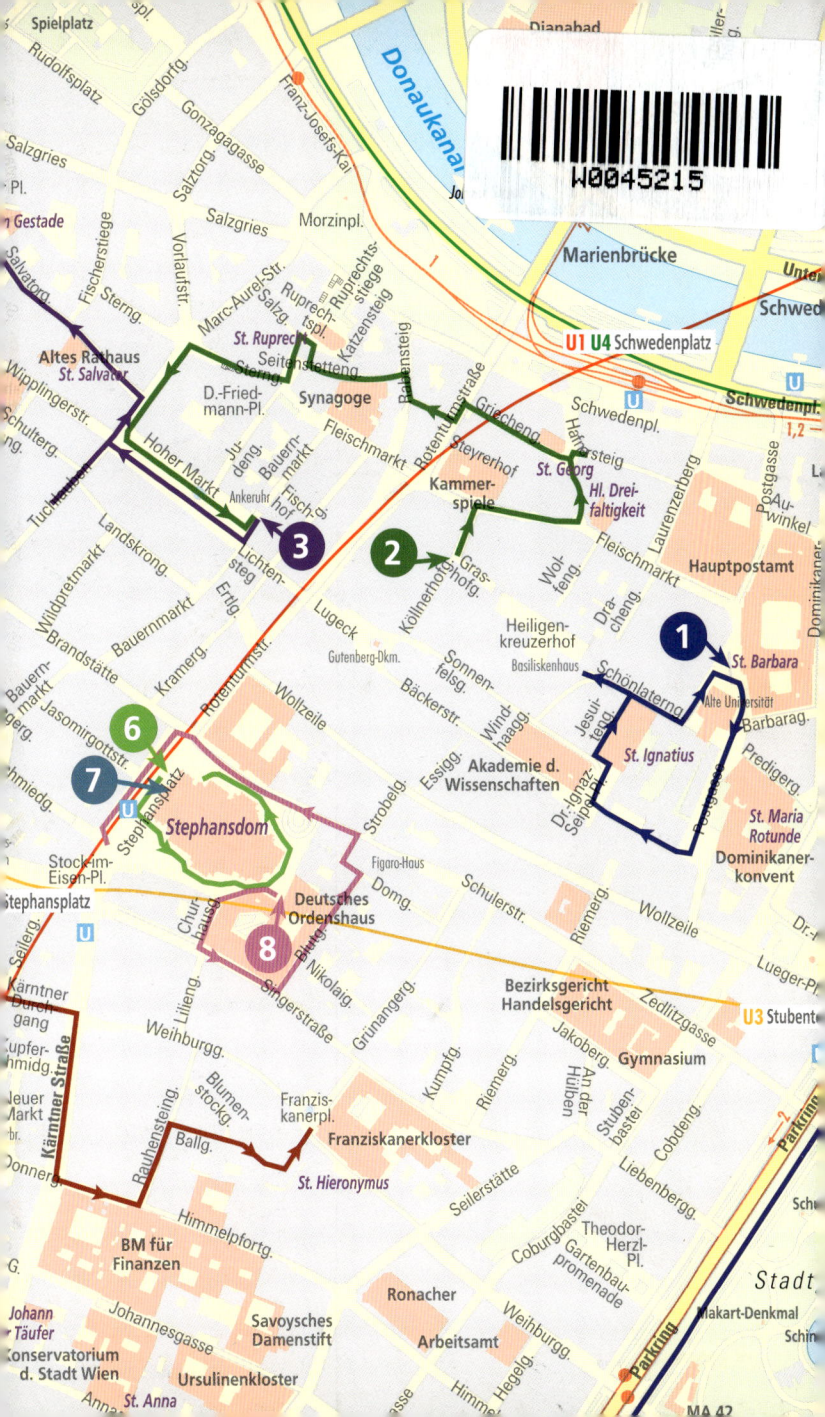

Anna Ehrlich / Jennifer Faulkner

WIEN für kluge Kinder

Mit 157 Abbildungen

Amalthea

Besuchen Sie uns im Internet unter
www.amalthea.at

Führungen in Wien zu diesem Thema buchen Sie unter
www.wienfuehrung.com

© 2013 by Amalthea Signum Verlag, Wien
Alle Rechte vorbehalten
Umschlaggestaltung inkl. Illustration: Sophie Denk
Übersichtskarten: © arge kartographie
Lektorat: Martin Bruny
Gesetzt aus der 11/14 pt Weidemann book
Gedruckt in der EU

ISBN 978-3-85002-820-2

Inhalt

DER STEPHANSDOM UND SEINE UMGEBUNG

DAS KAISERLICHE WIEN

ANHANG

*Für Julietta Ehrlich
und Myriam Faulkner*

Einleitung
Joey stellt sich vor

Hallo! Ich bin Joey und komme immer wieder sehr gerne nach Wien. Doch wie sehr hat sich die Stadt in all den Jahrhunderten, die ich sie kenne, verändert! Komm doch mit, es macht Spaß, sie zusammen zu erkunden!

Die Mode ist jetzt so praktisch, Mädchen und Buben tragen Jeans und Shirts, haben kurze oder lange Haare, man kennt sie oft gar nicht auseinander. Für mich ist das genau richtig, denn ich bin ein Mädchen oder ein Bub, ganz wie du mich haben willst: ein »Ersie« – er und sie – und ein Zauberwesen. Ich kann die Gestalt jedes jetzt oder früher lebenden Wesens annehmen und durch die Zeit reisen. Ich kann dich sogar in Wiens Vergangenheit mitnehmen. Wir werden dort gar nicht auffallen, denn ich verwandle unsere Kleidung gleich mit.

Freundliche Zauberwesen wie ich, gute, aber auch böse Geister und sogar der Teufel selbst halten sich seit jeher gerne in menschlicher Gestalt in Wien auf, denn es ist eine der schönsten Städte der Welt. Früher war es nicht immer so ruhig und sicher in den Straßen wie heute! Ich habe schreckliche Pestepidemien und feindliche Belagerungen erlebt, ich war sogar beim Bau des Stephansdoms und bei den Festen in der Hofburg dabei.

9

Was ich nicht selbst gesehen habe, das hat man mir erzählt.

Kann es losgehen? In diesem Band möchte ich mit dir durch die Altstadt wandern, die Innere Stadt, denn hier gibt es auf engstem Raum besonders viel Interessantes zu sehen. Ich habe noch einen weiteren Band für coole Kids vorbereitet, der uns zur Donauinsel und in den Prater, nach Schönbrunn, zum Belvedere und auf die Spuren berühmter Menschen wie Falco, Hundertwasser, Schubert und Kaiserin Elisabeth (»Sisi«) führen wird.

Du kannst alle Spaziergänge alleine nachgehen, deine Mitschüler durch Wien führen und sogar deinen Eltern viel Unbekanntes erzählen.

Auf
verschlungenen
Pfaden
durch die Altstadt

Die alte Universität

Joey erwartet dich an jener Ecke, wo der Fleischmarkt, die Schönlaterngasse und die Postgasse zusammentreffen, vor dem riesigen Gebäudekomplex der alten Universität.

»Auf geht es ins 15. Jahrhundert!« Das Zauberwesen Joey verwandelt sich und dich in zwei junge Studenten in typischer Tracht, und die Stadt sieht plötzlich ganz anders aus.

»Heute zeige ich dir das Universitätsviertel«, sagt Joey und weist mit dem Arm auf eine Mauer. »Diese Mauer umgibt die Kollegien (Hörsäle), die Verwaltung, die Aula (Festraum) und die vielen Häuser, in

Vorlesung an einer Universität

13

denen die meisten der 6000 Studenten wohnen. Man nennt die Quartiere ›Bursen‹ [von lateinisch ›Bursa‹, das bedeutet ›Geldbeutel‹]. Gleich in der ersten da vorne wohne ich.«

Die vielen lustigen und lauten Burschen, die auf den Straßen zu sehen sind, wirken sehr jung (die ersten Studienjahre entsprachen damals unseren heutigen Oberstufen). Da du mehr über sie erfahren willst, beginnt Joey zu erzählen:

»Wir Studenten sind nicht sehr beliebt bei den Wiener Bürgern, weil wir sie oft ärgern. So gehen wir recht gern hinaus vor die Stadtmauer, denn dort haben sie ihre Obst- und Weingärten, ihre Kaninchen- und Hühnerställe. Da holen wir uns unsere Verpflegung, natürlich ohne Erlaubnis und Bezahlung.

Werden wir erwischt, bekommen wir Schläge, also müssen wir flink sein. Da wir alle gleich gekleidet sind, können uns die Bürger aber nicht wiedererkennen, wenn wir ihnen einmal entwischt sind. Dann beschweren sie sich über uns, was ihnen gar nichts hilft. Denn am nächsten Tag sind wir schon wieder unterwegs, aber in einem anderen Garten.

Viele der Studenten sind nämlich bettelarm, und wenn sie nicht für wohlhabende Kollegen kleine Dienste gegen ein paar Münzen oder eine Mahlzeit verrichten können, leiden sie oft Hunger.«

Joey sagt zwinkernd: »Den hübschen Wienerinnen steigen wir sehr gerne nach, was den Handwerksburschen gar nicht recht ist. So mancher Kollege kommt grün und blau geschlagen nach Hause.«

Auf deine Frage, ob denn der Stadtrichter bei den Raufereien gar nicht einschreitet, antwortet Joey: »Nein, er darf uns nicht einmal einsperren – wenn er uns überhaupt erwischt. Er kann uns höchstens der Universität übergeben, denn nur sie darf uns bestrafen. Viele von uns haben schon den Karzer [Universitätskerker] unter dem Verwaltungsgebäude kennengelernt. Ganz selten und bei besonders schlimmen Missetaten hat der Rektor

Studenten sogar schon zum Tod verurteilt. Solche armen Sünder werden gleich vor der Stadtmauer hingerichtet.«

Ein solches Verbrechen war vor allem die Ketzerei, der Abfall von der katholischen Lehre.

Joey fährt fort: »Sind wir abends auf Wiens unbeleuchteten Straßen unterwegs, so müssen wir Laternen tragen. Im Winter müssen wir spätestens um sieben Uhr, im Sommer spätestens um neun Uhr zu Hause sein.«

Joey führt dich an Kollegien und Bursen vorbei zur alten Aula, die sich zwischen der Bäckerstraße und der Wollzeile befindet.

»Hier hat man die Steine der alten Synagoge verbaut, die 1421 abgerissen wurde«, sagt Joey mit düsterer Stimme. »Das war ein trauriges Kapitel, denn die Judenschaft wurde damals vertrieben und ausgerottet. Als die Scheiterhaufen auf der Gänseweide erloschen waren, stürzten sich einige Studenten in die noch glimmenden Reste der über 100 Opfer und durchwühlten sie in der Hoffnung, verschluckte Wertgegenstände zu finden.«

Die Rektoren waren gegen solche Auswüchse machtlos.

Rauferei zwischen Studenten und Handwerksburschen

Student in typischer Tracht, Relief.
Darunter: Gedenktafel an den Schweizer Reformator Zwingli, der in Wien studierte. Sonnenfelsgasse 19

Fröstelnd bittest du Joey, mit dir wieder in die Gegenwart zurückzukehren. Das Gewirr der vielen kleinen Häuser, wo ihr euch eben noch befunden habt, ist plötzlich verschwunden, ihr steht auf einem offenen Platz, dem Dr.-Ignaz-Seipel-Platz, und Joey trägt wieder Jeans. Du kannst aber noch einen Studenten in seiner flotten Tracht auf der Gedenktafel an der Fassade der »Domus antiqua universitatis«, dem alten Verwaltungsgebäude (Sonnenfelsgasse Nummer 19), sehen. Der Text darunter berichtet, dass die Reformation in Wien von der Universität ausging, weshalb auch der Schweizer Reformator Ulrich Zwingli (1484–1531) einige Zeit hier studiert hat. An diesem Ort befanden sich die Kanzleien und unten im Keller der Karzer.

Die Legende vom Totendoktor in der Schönlaterngasse

»Lass uns nochmals zu unserem Startpunkt zurückkehren. Du erkennst die Straßen nicht wieder, so sehr hat sich alles seit dem Mittelalter verändert«, sagt Joey und zieht dich durch die kurze Jesuitengasse an der Mauer der Jesuitenkirche entlang in die Schönlaterngasse. Er zeigt auf das Haus Nummer 9 und erzählt, dass an der Stelle einst das Wohnhaus des jeweiligen Rektors stand.

»Einer der Rektoren war der Mediziner Paul Urssenpeck (✝ 1487), dem man Wunderkräfte nachsagte. Er wurde als zwölftes Kind eines armen Bauern geboren. Niemand wollte bei seiner Taufe Pate stehen, da hielt der Vater auf offenem Feld den Nächstbesten auf und bat ihn um diesen Dienst. Das war Gevatter Tod, der gerne einwilligte, dem Kind aber kein Taufgeschenk geben konnte.

Als der Knabe heranwuchs, legte der Tod ihm nahe, doch Arzt zu werden: Er, der Tod, würde – nur für Paul sichtbar – bei jedem Kranken am Bett stehen: am Kopfende, wenn der Kranke sterben müsse, und am Fußende, wenn dieser wieder auf die Beine kommen solle.

Paul wurde daraufhin ein sehr berühmter Arzt, denn er konnte alle seine Patienten heilen: Er übernahm eine Behandlung nämlich nur dann, wenn der Tod beim Kranken unten am Bett stand. So ließ seine Berufung nach Wien nicht lange auf sich warten. Aber leider war er geldgierig geworden und behandelte die Armen nicht mehr gratis, was Gevatter Tod sehr ärgerte.

Als der reiche Graf Auersperg eines Tages erkrankte, wurde Paul zu seinem Bett gerufen, sah den Tod am Kopfende stehen und wollte wieder gehen. Da bot ihm die Familie des Kranken eine riesige Geldsumme für die Behandlung an. In Paul erwachte die Gier: Er ließ das Bett schnell um 180 Grad drehen, sodass der Tod nun zu des Kranken Füßen stand. Da der Gevatter sein einmal gegebenes Wort natürlich halten musste, wurde der Kranke wieder gesund.

Der Tod aber hatte nun endgültig genug von seinem Patensohn. Er nahm ihn vor die Stadtmauer in eine große Lehmhöhle mit, in der viele Lichter verschiedener Länge brannten – die Lebenslichter der Wiener. Eines davon war das Lebenslicht Pauls, und es war am Verflackern. Schließlich ging es aus, und Paul weilte nicht mehr unter den Lebenden.«

Nun geht es ein paar Schritte nach rechts weiter zur ehemaligen Bibliothek, dem heutigen Universitätsarchiv, und Joey erzählt, dass hier die Gründungsurkunde der Universität Wien vom 12. März 1365 verwahrt liegt, unterzeichnet von den Habsburger-Brüdern, den Herzögen Rudolf IV., Albrecht III. und Leopold III. Daher führt die Universität den Namen »Alma Mater Rudolphina«.

Die Urkunde ist ein ziemlich großes (63 mal 79 Zentimeter) Blatt Pergament, an dem unten an Seidenschnüren die roten Wachssiegel der Herzöge hängen.

Ihr geht weiter und Joey weist auf die gegenüberliegende Kapelle.

Die Barbarakapelle

Diese einst den Jesuiten gehörige Kirche wurde, als Galizien zur Monarchie kam, von Maria Theresia der griechisch-katholischen Gemeinde übergeben, der sie noch heute gehört.

Als Unierte Griechen (Uniaten) bezeichnet man die 1595 mit der römisch-katholischen Kirche wiedervereinigten griechischen Christen, die ihre eigenen Rituale und ihre Sprache beim Gottesdienst, das Abendmahl in beiderlei Gestalt und die Priesterehe beibehalten haben, aber den Papst als Oberhaupt anerkennen. Heute gehört ein Teil Galiziens zur Ukraine, daher nennt sich die Glaubensgemeinschaft jetzt »ukrainisch-katholisch«.

Links daneben befand sich vom 17. bis zur Mitte des 19. Jahrhunderts das alte Hauptmautgebäude, die »Kayserliche Hauptmauth«, wo die ankommenden Waren verzollt wurden. Später wurde es zur Oberpostdirektion umgebaut.

Das Dominikanerkloster

Ihr geht die Postgasse ein paar Schritte weiter nach rechts und seht gegenüber das Dominikanerkloster, das vermutlich

einst Sitz der Templer war. Von ihnen wirst du noch lesen. Man nannte die weiß gekleideten Dominikanermön-

Das alte Universitäts-gebäude, von der Postgasse aus gesehen

che auch »Domini canes« (»die Hunde des Herrn«) und fürchtete sie, denn sie waren die Träger der Inquisition, die in ganz Europa Ketzer verfolgte. In Wien durften sie nur predigen, daher spricht man vom Predigerkloster.

Die im römischen Barockstil erbaute Kirche Santa Maria Rotonda wurde auf einem langgestreckten Hügel errichtet, sodass man von unten zu ihr hinauf sah. Die Anhöhe wurde dann im 19. Jahrhundert zum Großteil abgetragen, mit dem Ergebnis, dass sich das Kirchenportal plötzlich viel zu hoch über dem Platz befand und man eine Treppe hinauf bauen musste. Den ehemaligen Hügel erkennt man noch an dem Stück Wiese daneben.

Als das Stallgebäude der Jesuiten gegenüber vor Kurzem renoviert wurde, konnte man sehen, dass die Bögen der Einfahrten nur wenig über den Gehsteig ragen – da passt kein Pferd mehr durch, der Großteil der nicht mehr sichtbaren Tore liegt unter dem heutigen Straßenniveau. Das Gelände hat also seinerzeit ganz anders ausgesehen, wie vieles in Wien.

Das Grab der Kaiserin

Joey führt dich in die Dominikanerkirche hinein zum Hochaltar und zeigt dir einen roten Teppich auf der rechten Seite, der fast völlig einen Kaiseradler am Boden bedeckt, und verneigt sich kurz.

»Hier liegt eine Kaiserin begraben, sie hieß Claudia Felicitas von Tirol und war die zweite Gattin von Kaiser Leopold I. Sie war eine besonders großherzige, kluge und schöne Frau, deren Porträt du im Kunsthistorischen Museum findest.

Der Kaiser war ein großer Verschwender. Seine Hofhaltung kostete Unsummen, das Volk aber hungerte. Claudia Felicitas hatte Mitleid mit den Leuten und bat ihn wiederholt, zu sparen, doch leider ohne Erfolg – er hörte ihr nicht einmal zu.

Leopold liebte die Musik, er komponierte sogar selbst, und etliche seiner Werke werden noch heute aufgeführt. Besonders begeistert war er von der Oper. Die Kaiserin griff daher zu einer List: Sie schrieb selbst einen Operntext über das ›Lob der Sparsamkeit‹, ließ ihn vertonen und im hölzernen Opernhaus bei der Hofburg aufführen. Und siehe da: Leopold hörte zu und versprach, bei seinen Ausgaben in Zukunft mehr an das Volk und weniger an sich selbst zu denken.

Leider starb Claudia Felicitas im Jahre 1676 im Alter von noch nicht ganz 23 Jahren an Tuberkulose. Der betrübte Kaiser, der sie sehr gern gehabt hatte, schrieb für sie eine Totenmesse. Gegen den üblichen Brauch wurde die Kaiserin ihrem letzten Willen gemäß nicht in der Kaisergruft begraben, sondern hier. Nur ihr Herz verwahrte man in einer Urne und brachte diese zu den Kapuzinern. Dort steht sie bis heute neben dem Sarg ihres Gatten.«

Das Studentenviertel und die Jesuiten

Weiter geht es am ehemaligen Stallgebäude der Alten Universität vorbei wieder zur Bäckerstraße. Zwischen der alten Aula, die im 17. Jahrhundert von den Jesuiten umgebaut und mit einem großen Theatersaal aufgestockt wurde, und dem Jesuitenkolleg, das sich an der Stelle des alten Collegium ducale (Herzogskolleg) und etlicher kleinerer Häuser befindet, führt euer Weg noch einmal zum Dr.-Ignaz-Seipel-Platz. Joey erklärt:

*Höfisches Tanzfest
zur Zeit
Kaiser Leopolds I.*

»Im Studentenviertel gärte es oft, denn die Burschen waren neuen, bei der Kirche und den Habsburgern unbeliebten Ideen gegenüber aufgeschlossen. Auch der deutsche Reformator Martin Luther fand hier glühende Anhänger.

1623 betraute Kaiser Ferdinand II. daher die Jesuiten mit der Neuorganisation der Universität. Sie leiteten damals bereits seit 70 Jahren in Wien eine sehr moderne und natürlich sehr katholische Schule. Nun übernahmen sie die philosophischen und theologischen Lehrstühle. Sie bauten die Universität zum großen Jesuitenkolleg um, das neben den Hör- und Schlafsälen über ein heute nicht mehr bestehendes Observatorium (Sternwarte), das Theater und die Kirche verfügte. Lass uns in die Kirche hineingehen.«

Die Jesuitenkirche

In der prächtigen Jesuitenkirche erklärt dir Joey, dass die Jesuiten im Theater, auf dem Universitätsplatz und in der Kirche Theaterstücke aufführen ließen. Das Jesuitendrama mit seinen hoch moralischen und katholischen Inhalten war eine eigene Bühnengattung mit Bühnenbild.

21

»Du musst dir vorstellen, dass die ungebildeten Leute seinerzeit an sechs Tagen der Woche unter erbärmlichen Verhältnissen lebten und arbeiteten. Am Sonntag aber gingen sie zur Kirche, die ihnen in ihrer Pracht wie ein Vorgeschmack aufs Paradies erschien. Sie wohnten den Theateraufführungen bei, und ohne es zu merken, wurden sie durch deren Glanz und Inhalt zur katholischen Lehre zurückgeführt.

Die Bühnenbildner waren äußerst geschickt, sie statteten auch die bei Hof so sehr beliebten Opern aus und verstanden ihr Handwerk. Sie wurden selbst zur Ausstattung der Kirche herangezogen. Denn nicht alles, was hier glänzt, ist echter Marmor, das meiste ist falscher Marmor [›Stucco lustro‹] aus Gips.

Greif die Säulen und Wände an, dann erkennst du den Unterschied: Echter Marmor ist kalt, Stuck ist warm. Und jetzt steig auf die helle Bodenfliese im Mittelschiff und schau zur Decke hinauf. Sie ist nur wenig gewölbt, sieht aber aus wie ein mächtiges Gewölbe mit Kuppel. Andrea Pozzo aus Bologna hat diese Scheinkuppel gemalt.

Alles nur Illusion, Theaterdonner.«

Die Neue Aula

Zurück auf dem Dr.-Ignaz-Seipel-Platz zeigt Joey auf die

Neue Aula, die Maria Theresia im 18. Jahrhundert vom lothringischen Hofarchitekten ihres Gatten Kaiser Franz I. im rein französischen Stil errichten ließ.

»Siehst du die sonderbaren Maskenköpfe [›Mascarons‹] über den Fenstern? Und oben hinter den großen Fenstern gibt es einen riesigen Festsaal. Dort trat

Maskengesicht am Gebäude der Akademie der Wissenschaften

Joseph Haydn das letzte Mal in seinem Leben öffentlich auf und bezeichnete den dabei anwesenden Ludwig van Beethoven als seinen Nachfolger.

Um bei der Musik zu bleiben: Gegenüber, am Universitätsgebäude, siehst du neben der Tür eine Gedenktafel für Franz Schubert, der als Sängerknabe hier im Stadtkonvikt, eine Art Internat, untergebracht war. Er verließ die Sängerknaben später infolge Stimmbruchs, die Schule infolge einer Fünf in Mathematik. Man kann nicht alles können!«, lacht Joey.

Nun ja, Mathematik ist ja wirklich nicht jedermanns Sache!

Das Anatomische Theater

»Willst du eine gruselige Geschichte hören?«, fragt Joey und macht dich damit sehr neugierig. Also erzählt dir Joey vom »Anatomischen Theater«, das sich einst im Erdgeschoss der Neuen Aula befand und zu dem ein Leichenaufzug vom Keller hinaufführte.

An warmen Tagen soll sich der Leichengeruch im ganzen Haus und der Umgebung unangenehm bemerkbar gemacht haben. Bei den beliebten Leichenöffnungen sahen nicht nur Studenten zu. Jeder, egal ob Mann oder Frau, konnte sich Eintrittskarten kaufen, wie in jedem anderen Theater auch. Joey erzählt:

»Der berühmte Anatom Joseph Hyrtl [1810–1894] verdiente sich sein Studium unter anderem als Gehilfe an der Anatomie. Er war ein besonders eifriger Student, geradezu besessen von der Untersuchung menschlicher Körper.

Eines Tages nahm er sogar eine Kindesleiche mit nach Hause in die Leopoldstadt. Da seine Kammer nicht heizbar war, setzte er sie in einen Topf in den Ofen in der Küche, wo seine Mutter gerade das Essen gekocht hatte. Als sie nun anrichten wollte und dabei irrtümlich seinen Topf öffnete, starrte ihr ein gekochtes Menschengesicht entgegen.

Ein Schrei, eine Ohnmacht folgten, Topf und Kind lagen auf dem Boden. Hyrtl raffte die Leiche an sich und versteckte sie unter seinem Mantel, um sie zurückzubringen. Auf der Brücke über den Donaukanal rutschte er aber auf dem Glatteis aus. Ein Polizist eilte herbei, um ihm zu helfen, und entdeckte dabei die kleine Leiche. Er hielt den Studenten für einen Kindesmörder, verhaftete ihn und schleppte ihn aufs nächste Kommissariat. Beim Verhör erzählte Hyrtl, er habe die Leiche beim Anatomiediener gekauft. Also begleiteten ihn zwei Beamte zu jenem Diener. Der aber war völlig betrunken, und so mussten sie zu Anatomieprofessor Mayer gehen. Dieser bestätigte die Wahrheit von Hyrtls Aussage, hielt ihm eine lange Strafpredigt und lud dann ihn und die beiden Staatsdiener zu einem fröhlichen Nachtmahl ein.«

Während der Revolution von 1848 wurde die Universität zum Hauptquartier der »Akademischen Legion«, wie sich die bewaffneten Studenten nannten. Als das Militär das Gebäude besetzte, kam die anatomische Sammlung in große Gefahr. *Mein sorgsam gehüteter Weingeist-Vorrath labte kriegerische Kehlen*, erzählte Hyrtl. Damit die durstigen Krieger sich nicht noch über den Spiritus in den Behältern der eingelegten Präparate hermachten, rettete man diese rasch ins Josephinum, die medizinisch-chirurgische Akademie in der Währinger Straße.

Die schöne Laterne gab der Gasse den Namen

Die Niederschlagung der Revolution brachte das Aus für den Universitätsbetrieb in der Innenstadt. Die unruhige Studentenschaft sollte sich zukünftig an einem militärisch leichter zu kontrollierenden Ort versammeln: Die neue Universität am Schottenring war 1884 bezugsfertig. Nur die Promotionen fanden noch lange hier im Festsaal statt. In die alten Universitätsgebäude aber zog 1857 die Akademie der Wissenschaften ein.

Die Schönlaterngasse

Joey führt dich nun ein zweites Mal durch die Jesuitengasse hinüber zur Schönlaterngasse, die ihren Namen von der schönen Laterne am Haus Nummer 6 (heute befindet sich hier eine Kopie der Laterne, das Original wird im Wien Museum aufbewahrt) bekam. Diese wurde in der Kunstschmiede auf Nummer 9 gefertigt, welche noch bis 1974 in Betrieb war.

Von hier aus kannst du die ganze Gasse gut überblicken, so wie da hat es im alten Wien ausgesehen. Kein Wunder, dass sehr viele Filme hier gedreht wurden und werden, die Gasse bietet eine wunderschöne Kulisse.

Das rot getünchte Haus Nummer 7 zeigt, wie schmal die Wiener Häuser früher waren. Hier stieg Robert Schumann während seines Wienaufenthalts ab (Gedenktafel). Daneben, auf Nummer 5, steht das durch eine Sage berühmte Basiliskenhaus.

Das Basiliskenhaus

Oben an der Fassade siehst du in einer Nische ein recht sonderbares Gebilde aus Sandstein mit etwas Eisen daran. Es soll den Basilisken darstellen, an den die Inschrift erinnert.

Joey erzählt dir gerne die Geschichte.

»Hier befand sich zu Beginn des 13. Jahrhunderts die Bäckerei des Bäckermeisters Garhibl. Er hatte eine schöne, blonde Tochter namens Apollonia, nach der alle Männer verrückt waren. Auch der Hausknecht Hans liebte sie, allerdings ohne jede Hoffnung, denn er war arm und noch nicht einmal Geselle.

Am Morgen des 26. Juni 1212 ging eine der Mägde zum Brunnen im Hof, um Wasser zu holen. Sie beugte sich über den Brunnenrand und fiel tot um. Dasselbe geschah einem Knecht. Hans lief rasch zum gelehrten Doktor der Weltweisheit Heinrich Pollitzer und erzählte ihm, was geschehen war. Dieser erklärte, auf dem Boden des Brunnens säße ein Basilisk. So ein Untier entstünde, wenn ein Hahn ein Ei legt, das eine Kröte ausbrütet. Es hätte einen so giftigen Atem, dass es jeden tötete, und einen so entsetzlichen Blick, dass es jeden in Stein verwandeln könne.

Hans war Apollonia zuliebe bereit, Kopf und Kragen zu riskieren, und bat um Rat, wie er das Untier besiegen könne. Pollitzer riet ihm, mit einem Spiegel in der Hand in den Brunnen zu steigen. Das Untier würde sich darin sehen und sich selbst versteinern.

Bevor der junge Mann nun ans Werk ging, erbat er sich in Gegenwart des Bürgermeisters die Hand der Schönen für den Fall des Erfolgs. Und tatsächlich, die Heldentat gelang. Es folgte eine große Hochzeit – ob die Ehe glücklich wurde, ist allerdings nicht überliefert.«

Der Brunnen wurde zugeschüttet, und das versteinerte Untier schmückt seither die Fassade des Hauses. Der Wirt des benachbarten Gasthauses hat in seiner Auslage hinter Glas die ganze Szene nachvollzogen: Hier kannst du den Basilisken sehen, zusammen mit Hans, dem Spiegel und der schönen Apollonia.

Da diese Sage sogar das genaue Datum des Ereignisses überliefert, muss etwas Wahres daran sein. Wien liegt auf

Schotterterrassen, unter denen es eine Schicht Tegel gibt, in der gelegentlich Sandsteinkonglomerate eingelagert sind. Unter der Tegelschicht gibt es an manchen Stellen Erdgas. Wird nun ein Brunnen geschlagen, so stößt man unter Umständen auf einen Sandsteinbrocken. Hebt man ihn heraus, kann möglicherweise Gas austreten. Das könnte die Ursache für die geheimnisvollen Todesfälle gewesen sein. Offenbar waren zuvor aber eine Schlange und ein Hahn in den

Das Basiliskenhaus mit seinem Hauszeichen

Brunnen gefallen und halb verwest, sodass man ihre Kadaver für den Rest eines einzigen Untiers halten konnte. Im 16. Jahrhundert stellten Betrüger solche toten »Untiere« sogar eigens her und verkauften die Fälschungen für gutes Geld an Sammler von Kuriositäten.

Die Legende von Hans, der schönen Apollonia und dem Untier

Neben dem Gasthaus mit den Sagenfiguren steht die Bernhardikapelle (der heilige Bernhard ist der Schutzpatron der Zisterzienser). Sie gehört zum Heiligenkreuzerhof, in den dich Joey nun durch das breite Tor hineinführt. Welch eine Oase der Ruhe mitten in der Stadt!

Der Heiligenkreuzerhof

Joey erzählt dir, dass es im Mittelalter in Österreich viel mehr Klöster gab als heutzutage. Ein Teil ging wegen Nachwuchsmangels, ein Teil wegen der vielen Kriege und Epidemien zugrunde – und viele wurden von Kaiser Joseph II. geschlossen. Doch einige gibt es heute noch, so wie Heiligenkreuz.

Die Äbte und Äbtissinnen mussten oft in Geschäften nach Wien kommen oder beim Herzog vorsprechen. Das bedeutete, dass sie in Wien übernachten mussten. Da sie aber gut wohnen wollten, stiegen sie nicht gern in einem Gasthof ab, und ein fremdes Kloster erschien ihnen nicht bequem genug. Da war es schon mehr nach ihrem Geschmack, sich ein eigenes Haus schenken oder bauen zu lassen, das dann den Namen ihres Klosters erhielt und häufig als Wirtschaftshof diente.

Die Mönche des Stiftes Heiligenkreuz besitzen hier schon seit etwas mehr als 800 Jahren ein Wohnhaus: Rechts siehst du ein Mauerstück, das nicht verputzt ist. Da steckt dieses romanische Gebäude dahinter. Es ist vier Geschosse hoch, mit noch erhaltener romanischer Halle im Keller (das Straßenniveau lag damals wesentlich tiefer als heute). Im Lauf der Jahrhunderte wurden immer mehr Häuser dazu gebaut, zuletzt im 17. Jahrhundert die Prälatur (links hinter dem Torbogen). Damals versah man alle vorhandenen Gebäude

mit einer einheitlichen Fassade, sodass alle Bauten aussehen wie aus einem Guss. Würde man aber den Verputz von den Fassaden klopfen, so könnte man die verschieden alten Teile ganz genau unterscheiden.

Der Heiligenkreuzerhof, das älteste Zinshaus von Wien

Der Heiligenkreuzerhof ist das älteste Zinshaus von Wien. Schon um 1200 konnte man hier zur Miete wohnen, und so ist es bis zum heutigen Tag geblieben. Selbst die Parkplätze werden vermietet, ja sogar gelegentlich der ganze Hof: Manchmal werden hier Pop-Konzerte oder Theateraufführungen veranstaltet, die Gebäude bilden ein hübsches Bühnenbild. Man kann auch die Bernhardikapelle und den Hof für eine Hochzeit buchen. Das Restaurant sorgt für die Bewirtung der Gäste. Sehr geeignet ist der Platz für Kunstgewerbe- oder Adventmärkte.

»Horch«, sagt Joey.

Leise Geigentöne durchdringen den Hof. Zwei Geigenmacher haben hier ihre Werkstätten, eine Seltenheit in der heutigen Zeit.

»Lass uns dem Meister ein wenig zusehen!«

Gesagt, getan. Eine Hauskatze kommt herbei und schmeichelt schnurrend um deine Beine. Durch die Einfahrt geht es weiter in die Grashofgasse.

»Dreh dich um: Über dem Tor siehst du eine Darstellung des Stiftes Heiligenkreuz im Wienerwald!«

Das Palatschinkenpfandl

»Bist du müde? Wie wäre es mit einer Kostprobe der besten Palatschinken von Wien im Palatschinkenpfandl?«, fragt Joey.

Sicher willst du wissen, woher das Wort »Palatschinken« kommt.

»Das Wort ist ein Mehrzahlwort, genau wie Eltern, denn eine Palatschinke gibt es nicht. Sie treten immer paarweise auf. Willst du nur ein Stück essen, so musst du dir ›eine halbe Portion Palatschinken‹ bestellen. Daran erkennt der Wirt, dass du ein Wiener bist! Gäste aus dem deutschen Nachbarland wissen das nicht und verlangen ›eine Palatschinke‹. Sie glauben vielleicht, das hätte etwas mit Schinken zu tun. Das Wort kommt aber von ›Placenta‹ (›Mutterkuchen‹). Die Rumänen bezeichneten die Speise so, weil ihre Form diesem gleicht. Die Ungarn übernahmen die Bezeichnung und brachten sie nach Wien.«

Lass dir deine Palatschinken gut schmecken!

Vom Fleischmarkt zum Hohen Markt

2

Nachdem ihr euch in der Palatschinkenkuchl gestärkt habt, setzt ihr den Spaziergang an der Ecke Grashofgasse/Köllnerhofgasse fort.

»Schau dort hinüber zum Fleischmarkt, das Gebäude mit den Kupferplatten [Nummer 3] und sein Dachgeschoss sind sehenswert! Es wurde im Stil der Secession 1907 gebaut und gehört dem Gewerkschaftsbund. Oben gibt es schöne Wohnungen für dessen Prominenz.«

Ihr biegt jetzt rechts in den Fleischmarkt ein. Das Haus Nummer 7 war der Stammsitz der Firma Meinl, die den Wienern schon seit Langem Kaffee verkauft. Dieser wurde in den Häfen von Hamburg, Triest und London aus den großen Überseefrachtern ausgeladen, deshalb siehst du an der Fassade diese drei Stadtwappen.

Das Griechenviertel

Nummer 9 ist das Wohnhaus »Zur Mariahilf«.

»Das Haus stammt aus dem späten Mittelalter und wurde später erweitert. Schau, die Madonna mit dem Goldgrund an der Fassade trägt eine griechische Inschrift! Wir sind jetzt im Griechenviertel. Die enge Gasse links neben dem Griechenbeisl [Nummer 11] heißt Griechengasse und rechts davon steht die Vorhalle zur griechisch-orthodoxen Bischofskirche [Nummer 13]. Lass uns hineingehen!«

Du siehst goldene griechische Schriftzeichen an den marmornen Wänden. Joey erklärt dir, dass der Bau vom Architekten Theophil Hansen errichtet wurde, dem Erbauer des Parlaments und des Goldenen Musikvereinssaales. An

Eingangshalle der griechisch-orthodoxen Kirche am Fleischmarkt

seiner Rückseite kann man durch eine Glastür in die Kirche hineinsehen.

»Ist es nicht seltsam, dass man nicht gleich direkt von der Straße in die Kirche gehen kann?«, fragt Joey. »Das hat mit der Toleranzgesetzgebung Kaiser Josephs II. zu tun: Er erlaubte den Nichtkatholiken zwar endlich, eigene Kirchen zu bauen. Aber diese durften keinen direkten Zugang von der Straße haben, damit sich Katholiken nicht zufällig hinein verirrten.«

Wieder im Freien zeigt Joey hinüber auf das Haus Fleischmarkt Nummer 18, das »Toleranzhaus«. Oben kannst du ein vergoldetes Abbild (Relief) des Kaisers und darunter die Worte sehen:

Vergänglich ist dies Haus, doch Josephs Nachruhm nie.
Er gab uns Toleranz, Unsterblichkeit gab sie.

Das Griechenbeisl

Dieser kleine Platz ist sicher einer der schönsten Winkel der Innenstadt. Bevor du ihn verlässt, sieh dich noch gut im Griechenbeisl um. Rechts in seinem Eingang ist ein romanisch-

gotisches Fenster als Beweis dafür zu sehen, dass das Haus uralt ist. Links ist eine barocke Marienkrönung angebracht, und etwas weiter vorne führt eine Wendeltreppe zu den kleinen Gaststuben im Obergeschoss.

Das Griechenbeisl, Wiens ältestes Restaurant

Drei türkische Kanonenkugeln stecken in der Mauer. Sie sind Erinnerungen an die Erste Türkenbelagerung.

Sehr hübsch ist der Innenhof mit seinen »Pawlatschen« (tschechisch »pavlac« bedeutet »Gang«), wie man die offenen Gänge nennt.

Der liebe Augustin

Beim Hinausgehen schau durch den Gitterrost zu deinen Füßen hinunter in den Keller: Da unten sitzt der »liebe Augustin«. Joey erzählt dir seine Geschichte:

»Im schrecklichen Pestjahr 1679 wollten die Wiener nicht immer nur einzig und allein an ihre Sorgen denken, sondern sich gelegentlich ablenken. Sie gingen in die zahlreichen Gaststätten, vor allem gern in das ›Rote Dachl‹, wie das Griechenbeisl damals hieß.

Hierher kam oft ein Spielmann, der besonders schön spielte und sang, und den man den ›lieben Augustin‹ nannte. Er bekam für seine Musik das eine oder andere Glas Wein spendiert.

Eines Abends war er so betrunken, dass er auf dem Heimweg stolperte, nicht mehr aufstehen konnte und mitten auf der Straße seinen Rausch ausschlief. Es kam, wie es kommen musste, die Pestknechte nahmen ihn mit.

Nach vielen Stunden erwachte er in der Pestgrube bei St. Ulrich zwischen lauter Toten, die er aber für seine schlafenden Saufkumpane hielt. Um sie zu wecken, begann er auf seinem Dudelsack zu spielen und zu singen:

Oh du lieber Augustin,
s'Geld ist hin, d'Freud ist hin;
Oh du lieber Augustin,
alles ist hin!

Die Toten weckte er zwar nicht, wohl aber die Lebenden in den nahe liegenden Häusern. Sie hielten ihn zuerst für ein Gespenst und hatten Angst, doch bald erkannten sie seine Stimme. Einige beherzte Männer zogen ihn heraus.

Am nächsten Tag kam er wieder in dieses Gasthaus und erzählte sein Erlebnis. Das machte Mut! Man konnte also den direkten Kontakt mit den Pesttoten unbeschadet überleben!

Und so wollten alle Wiener die Geschichte hören. Der Wirt verzeichnete einen ungeheuren Andrang an Gästen und war dem lieben Augustin dankbar. Er versprach, ihm für alle Zeiten einen Platz freizuhalten. Der Wirt hielt sein Wort, und deshalb sitzt der liebe Augustin noch heute am besten Platz, im Weinkeller, und verdient mehr Geld, als er je zu Lebzeiten gesehen haben mag. Denn viele Touristen werfen ihm Münzen zu.«

Der liebe Augustin im Keller verdient eine Menge Geld

Eine Verkehrsvorschrift aus dem alten Wien

Die Griechengasse

Zwischen dem Wohnhaus »Zur Mariahilf« und dem Griechenbeisl ist die Gasse mit Schwibbögen (von »schweben«) überspannt, damit die Hausmauern sich nicht gegeneinander neigen können. Durch diesen engen Weg mussten früher schwerbeladene Fuhrwerke fahren, was gar nicht gut für die Mauern war. Daher brachte man an den Häusern Randsteine an, die immer wieder abgefahren und erneuert wurden.

»Was geschah bei Gegenverkehr? Die Fahrbahn ist doch viel zu schmal zum Ausweichen«, stellst du fest.

Joey erwidert: »Es hatte immer nur ein Fahrzeug Platz, daher durfte man erst einfahren, wenn die Gasse leer war. Der Kutscher musste absteigen und seine Zugtiere an der Hand führen, sobald ihm sein Knecht, der vorangehen musste, ein Zeichen gab. Schau, an beiden Enden der Gasse ist je eine Tafel angebracht, damit das jeder weiß.«

Viele Gassen in der Altstadt waren früher so eng wie die Griechengasse

Du lachst: »Und wenn ich einmal mit einem Pferdewagen durchfahren will, muss ich das auch beachten.«

Der gotische Wohnturm und eine sonderbare Inschrift

Joey führt dich weiter zum Haus Nummer 7 (Hafnersteig 6). Zum Glück steht die Türe heute offen. Du siehst gleich neben der Eingangstür einen alten Hausbrunnen, der noch immer funktioniert, und auch die alte Hausnummer ist noch zu entdecken (seit Maria Theresia haben die Häuser Nummern).

Darunter sind zwei schmale, lange Holzlatten zu sehen, und Joey erklärt: »Man weiß nicht mehr, wer sie hier angebracht hat und was sie bedeuten sollen. Die Schriftzeichen sind arabisch, aber die arabischen Schriftgelehrten werden nicht klug daraus. Die arabische Schrift wird jedoch auch

für viele andere Sprachen verwendet und natürlich für Dialekte, die heute keiner mehr kennt. Vielleicht ist es ein Liebesgedicht oder gar ein türkischer Fluch. Ganz sicher ist es nicht die Übersetzung von ›Damen Frisir Salon separiert‹, wie man auf der anderen Tafel lesen kann. Einen Friseur gibt es da noch heute.«

Dann zeigt Joey durch das Glas der Tür zum winzigen Hinterhof hinaus: »Schau doch, hier gibt es noch einen Turm der alten Stadtmauer, er gehört zum Griechenbeisl!«

An den Stufen des Hafnersteigs vorbei geht ihr in der Griechengasse weiter und kommt zur zweiten griechisch-orthodoxen Kirche: St. Georg. Griechen gab es ebenso wie Juden schon sehr früh in Wien. Gerade jetzt kommen ein paar Leute aus der Kirche heraus, sie unterhalten sich in griechischer Sprache. Sie sind aber echte Wiener, wie es auch schon ihre Urgroßeltern waren.

Nun zeigt dir Joey das große Gebäude auf der linken Seite und erzählt dir dessen Geschichte:

»Um 1400 gehörte ein Haus auf diesem Areal einem gewissen Ulrich von Steyr, und deshalb heißt es bis heute Steyrerhof. Die Mauer liegt genau in einer Linie mit dem gotischen Turm, den wir gerade gesehen haben. Offenbar hat man eine alte Stadtmauer für den Bau mit verwendet: Da siehst du eine Schießscharte, dort erkennst du an dem kleinen Dachstück, dass da wahrscheinlich einst ein Turm stand. Dann siehst du wieder ein Stück der alten Mauer. Die Häuser wurden im Lauf der Zeit immer wieder umgebaut und schließlich zu einem großen Einkehrgasthof, dem Steyrerhof, zusammengebaut. Besonders reiche Fremde stiegen gern hier ab.«

»Warum denn ausgerechnet hier?«, willst du wissen. Joey erzählt:

»Das mittelalterliche Wien war eine sehr gefährliche Stadt. Ein fremder Kaufmann – und fremd war man schon, wenn man aus St. Pölten oder Wiener Neustadt kam – musste gut auf seine Wagen, Waren und Pferde aufpassen, wenn er nicht beraubt werden wollte. Hier, im großen Innenhof, war alles sicher verwahrt. Küche und Keller waren ausgezeichnet, das Stroh für die Pferde war frisch.

Ein Fremder konnte damals nur dann Geschäfte machen, wenn er ein guter Katholik war. Das aber bedeutete, dass er täglich die Messe hören musste. Daher bot der Steyrerhof seinen Gästen eine eigene Hauskapelle an, sodass sie innerhalb der sicheren Mauern bleiben konnten. Sie lag dort, wo du die Kreise siehst, das waren ihre ehemaligen Rundfenster.«

»Zum Küß-den-Pfennig«

Joey weist nun mit der Hand zur anderen Seite und erzählt, dass hinter dem Haus Griechengasse Nummer 3 früher die Adlergasse lag, die heute verschwunden ist. Dort stand einmal ein anderes berühmtes Gasthaus, jenes »Zum schwarzen Adler«, das weniger vornehm war.

»Kannst du mir etwas darüber erzählen?«, fragst du, und Joey berichtet:

Das Haus »Zum Küß-den-Pfennig« steht nicht mehr

> »Ein gewisser Wangler war hier einst Wirt, ein schrecklicher Geizkragen. Als ein ärmlich wirkender Gast einige Tage lang bei ihm abgestiegen war, forderte Wangler ihn sehr unfreundlich auf, doch endlich zu bezahlen. Der Gast gab ihm daraufhin einen Wiener Pfennig, der bei Weitem nicht zur Bezahlung der Schuld genügte. Wutentbrannt warf ihn der Wirt zu Boden.
>
> Dann aber schaute er genauer, und siehe da – das Messingstück war zu einem Goldstück geworden. Er hob es auf und küsste es viele Male, wonach das Gasthaus den Namen ›Zum Küß-den-Pfennig‹ erhielt.
>
> Wer aber war der Gast? Kein anderer als Theophrastus Bombastus von Hohenheim, genannt Paracelsus (✝ 1541), der Alchemist, der durch seine Kunst aus dem unedlen Metall Gold gemacht hatte.«

Paracelsus weilte tatsächlich in Wien, er wurde sogar von Kaiser Ferdinand I. empfangen, der an seine Goldmacherkünste glaubte. Der Name des Hauses hat aber nichts mit ihm zu tun, denn eine Familie »Küßdenpfennig« gab es in Wien schon im 15. Jahrhundert, sie erlosch erst 1839.

Die Rotenturmstraße und der Rote Turm

Der Steyrerhof wurde im Zweiten Weltkrieg stark beschädigt, sein Eingangstor mit ein paar Fenstern darüber siehst du in der Rotenturmstraße. Dort sind die Kammerspiele, ein kleines Theater.

Joey zeigt auf ein Haus auf der anderen Straßenseite. Dort siehst du eine moderne Darstellung des Roten Turms, das ist einer der babenbergischen Stadttürme. Joey erzählt dir eine lustige Geschichte:

Die Geschichte von der Speckseite

»Bei ihrer ersten Belagerung der Stadt im Jahre 1529 wollten die osmanischen Feinde die Wiener aushungern, was ihnen fast gelungen wäre. Weil die Wiener aber sehr kluge Menschen sind, suchten und fanden sie einen Ausweg: Sie nahmen ihre letzte Speckseite, den letzten Schinken, und nagelten ihn oben am Turm fest. So konnten die Türken sehen, dass die Wiener noch Nahrung im Überfluss hatten – und zogen deshalb ab.

Zur Erinnerung schnitzte man die Speckseite in Holz nach und befestigte sie am Turm. Darunter brachte man eine Tafel mit einem sonderbaren Spruch an, der in einigen Versionen überliefert ist:

Befind sich irgend hier ein Mann,
Der mit der Wahrheit sprechen kann,
Dass ihn sein Heirat nicht gerauen,
Und fürcht sich nit vor seiner Frauen,
Der mag diesen Backen herunter hauen.
Welche Frau ihren Mann oft reuft und schlegt,
Und ihm mit solcher kalten Laugen zweckt,
der soll den Packen lassen henckhen.
Ihr ist ein ander Kirchtag zu schencken.

Erst 200 Jahre später meldete sich ein Mann, der sich die Tat zutraute: ein gewisser Wolfgang Troexl, der mit einer besonders sanften Wienerin verheiratet war.

Man legte einen bestimmten Sonntag fest. Nach der Sonntagsmesse erschienen vor dem Tor der Bischof im Ornat, der Bürgermeister im Talar, die Stadträte in ihren Amtsroben, die Wienerinnen und Wiener in ihren Sonntagskleidern. Dann kam Troexl, auch er in Sonntagskleidern.

Die Leiter war schon angestellt, er stieg hinauf, kam aber sofort wieder herunter und sagte: ›Da muss zuerst ein anderer hinauf und den dicken Staub von der Speckseite wegtun! Sonst werden ja meine Sonntagskleider schmutzig, und meine Frau wird schimpfen!‹

Also blieben Speckseite und Tafel oben, bis der ganze Turm um 1776 abgetragen wurde.«

Ihr überquert jetzt die Rotenturmstraße, und du stellst erstaunt fest, dass die nächste Quergasse ebenfalls Rotenturmstraße heißt. Sie verlief nämlich einst hier um die Ecke. Erst als die Bastionen um 1860 abgetragen wurden, hat man sie gerade und zum Kai hinunter verlängert. Das alte, nunmehr unwichtige Teilstück behielt trotzdem seinen Namen.

Das alte Wien mit dem Roten Turm, Aquarell von Ziegler

Der Rabensteig

Joey führt dich weiter:

»Nun kommen wir zum Rabensteig und damit ins alte römische Vindobona, einem alten römischen Legionslager zum Grenzschutz. Vermutlich folgt die abgerundete Hausmauer von Nummer 3 noch dem Verlauf der Lagermauern. Davor floss einst ein kleiner Bach, die Möring, die am Graben entsprang, beim Stephansdom eine Kehre von 90 Grad machte und hier in die Donau mündete.

Die Donauwellen spülten da angeblich oft Wasserleichen und Tierkadaver an, welche die Raben anlockten, deshalb der Name Rabensteig. Bei der babenbergischen Stadterweiterung um 1200 wurde die Möring zum ältesten Kanal von Wien. Sie fließt noch heute in drei bis vier Metern Tiefe unter uns bis zum Donaukanal.«

Das Spukhaus und der Bucklfriedl

Die Gegend kommt dir etwas unheimlich vor, und Joey ist ganz deiner Meinung:

»Du hast recht, das Haus Rabensteig Nummer 3 galt schon im 15. Jahrhundert als Spukhaus. Es war schon fast verfallen, da sich kein Käufer oder Mieter fand. Alle hatten Angst vor den schrecklichen Gespenstern, die sich in der Nacht drinnen zeigten. Da setzte der Besitzer eine sehr hohe Belohnung für denjenigen aus, der die Geister vertreiben könne.

Natürlich versuchten viele Wiener ihr Glück, doch kaum war es dunkel, hörten sie seltsame Geräusche und liefen wieder rasch davon.

Da gab es am Stubentor einen buckligen Wächter namens Friedrich, der gerne Geige spielte und daher nur der ›Bucklfriedl mit der Fidel‹ genannt wurde. Er hätte das Geld besonders gut brauchen können, und so ging er eines Abends mit seiner Fidel ins Spukhaus und begann zu spielen. Er spielte ohne Unterlass. Schlag zwölf Uhr erschienen tatsächlich unheimliche Gespenster mit großen Säcken und begannen, aus diesen Goldstücke auf den Tisch des Hauses herauszuzählen. Er spielte weiter, Schlag ein Uhr war der Spuk vorbei. Er spielte noch bis Sonnenaufgang, denn so lange muss man bekanntlich durchhalten, wenn man es mit echtem Spuk zu tun hat. Und siehe da: Auf dem Tisch lagen viele große Goldstücke. Was, glaubst du, hat der Bucklfriedl mit dem Gold gemacht?«

»Er hat es wohl eingesteckt«, meinst du.

»Aber nein«, ruft Joey, »die Wiener sind doch ehrliche und kluge Leute. Er ließ für das ganze Gold Messen lesen und erlöste dadurch die armen Seelen. Die hohe Belohnung aber nahm er mit gutem Gewissen hoch zufrieden an.«

Das Katzensteigtor

Heute ist die Gegend nicht mehr gruselig. Gehst du ein Stückchen weiter, so siehst du oben an einer Hausmauer ein Schild, das an das Katzensteigtor (von »Katze«, einem Teil der Stadtbefestigung, erinnert.

Das Katzensteigtor in der Seitenstettengasse wurde 1825 abgerissen

»Willst du wissen, wie es früher hier ausgesehen hat?«, fragt Joey, öffnet das große grüne Tor auf der rechten Seite und führt dich in den Flur des Gemeindezentrums von St. Ruprecht (Gaminger-Hof) hinein. Hier hat ein Maler nach dem Zweiten Weltkrieg alte Ansichten der Seitenstettengasse angebracht. Ein Kätzchen malte er dazu, es gehörte einer Bewohnerin des Hauses. Links ist der Gaminger-Hof dargestellt und gegenüber das

Haus der Familie Pempflinger, »wo der Teufel Fliegen frisst«.

Der Weg führt bergab um Ecken und durch Schwibbögen zum Tor, das 1825 abgetragen wurde. Das Bild gegenüber zeigt die Gasse von unten: Von einem kleinen, dreieckigen Platz, dem »Bermudadreieck«, durch den Schwibbogen über dem Katzensteigtor hinauf.

Das Bermudadreieck wächst ständig, es breitet sich immer weiter aus. Hier gibt es zahlreiche Beisln (das Wort kommt von hebräisch »bejith«, »kleines Haus«). In der warmen Jahreszeit stehen Tische und Bänke im Freien. Geht man vorbei, so sieht man sicher irgendwo einen Bekannten sitzen. Man setzt sich dazu, einer geht, der nächste Bekannte ist schon in Sichtweite – und schon sind ein paar Stunden um, bevor ein hier »Verschwundener« wieder auftaucht.

Abends kommen die allerjüngsten »Nachtschwärmer« hierher, die 15- bis 16-Jährigen. Deren Eltern holen sie dann gegen 24 Uhr ab, denn länger dürfen die Jugendlichen nicht dort bleiben.

Die Seitenstettengasse

Du gehst nun wieder hinaus in die Seitenstettengasse, benannt nach dem Stift Seitenstetten, das ganz in der Nähe den Seitenstettner Hof besitzt. Gegenüber, wo einst das Haus der Familie Pempflinger stand, befindet sich die Synagoge.

Diese Synagoge (Stadttempel) ist die einzige von 93 jüdischen Gebetsstätten, welche die Nacht vom 9. zum 10. November 1938, nach den vielen zerbrochenen Fensterscheiben »Reichskristallnacht« genannt, überstanden hat, und zwar sogar fast unbeschädigt. Die Nazis erwarteten sich nämlich vom Archiv der Israelitischen Kultusgemeinde Auf-

Innenansicht der Synagoge, Foto aus der Zeit vor 1938

schlüsse über die Vermögenswerte der Wiener Juden, daher durfte der Stadttempel nicht zerstört werden.

Bei seinem Bau hatte sich der Architekt Joseph Kornhäusel natürlich an die Vorschriften Kaiser Josephs II. zu halten, und daher kommt man auch hier nicht direkt von der Straße hinein, sondern wie bei der griechischen Kirche zuerst in eine Vorhalle. Man kann die Synagoge besichtigen, muss sich dazu aber anmelden. Die Sicherheitsvorschriften sind sehr streng, da man (wie bereits einmal geschehen) Terroranschläge fürchtet. Aus diesem Grund ist die Straße an beiden Enden mit dicken Eisenketten abgesperrt.

Die Geschichte vom Teufel, der Fliegen frisst

Über die Familie Pempflinger, die im 15. Jahrhundert zu den reichsten der Stadt gehörte, kennt Joey eine Geschichte:

»Als die schon etwas ältliche Dorothea Pempflinger verwitwet war, wollte sie sich um ihr vieles Geld das kaufen, was sie am meisten begehrte: den schönsten jungen Mann von Wien als Ehemann. Dieser war einverstanden, denn er hoffte auf ein gutes Leben.

Aber weit gefehlt! Kaum verheiratet, entpuppte sich Dorothea als eine echte ›Bisgurn‹ [von ›bissige Gurre‹. ›Gurre‹: mittel-hochdeutsch für ›Stute‹], wie man ein böses Weib hierzulande nennt. Da der Mann nun keine ruhige Sekunde mehr in seinem Leben hatte, beschloss er, dieses zu beenden.

Er ging mit einem Strick in der Hand vor das Stadttor hinaus und war eben im Begriff, sich an einem Baum aufzuknüpfen, da kam ein kleines Teufelchen namens Abandon [›der Aufge-gebene‹] vorbei und sah seine Chance auf eine schwarze Seele gekommen. Er machte dem jungen Mann den Vorschlag, Doro-thea binnen einer Woche zu zähmen, dafür solle ihm des Man-nes Seele nach dessen Tod gehören.

Der Unglückliche schlug sofort ein, denn nach den Lehren der Kirche kommt ein Selbstmörder ja ohnehin in die Hölle, was der dumme Teufel offensichtlich nicht wusste.

Abandon verwandelte sich nun in das Ebenbild des jungen Mannes, womit er ein Mensch mit allen menschlichen Eigen-schaften war, und ging zu Dorothea. Die empfing ihn gleich mit einer Ohrfeige – und er schlug zurück. Sie packte ihn und band ihn am Bettpfosten fest. Da hing er nun, der arme Teufel.

Nach drei Tagen hatte er unerträglichen Hunger und Durst, er bettelte um Speis und Trank. Dorothea ließ einen Tisch bringen, das Beste aus Küche und Keller auftischen, setzte sich hin, um all das zu genießen, und gab ihm nichts davon ab. Er bettelte weiter.

Sie sprach: ›Du kannst die Stubenfliegen essen!‹

Am nächsten Tag war er so weit, dass er sich tatsächlich damit füttern ließ, denn in der Not frisst der Teufel Fliegen.

Als die Woche um war, hatte der Teufel zwar sein Versprechen nicht gehalten, nahm aber erleichtert seine höllische Gestalt wieder an. Dorothea traf gleich der Schlag, womit Abandon eine schwarze Seele für die Hölle hatte. Der junge Mann aber war frei, um sein Leben und sein ewiges Seelenheil in aller Ruhe im Pempflinger-Haus zu genießen.

Ein Nachfahre ließ die Geschichte an dessen Mauer malen.«

Die Sonnenfinsternis

Am letzten Haus siehst du eine Gedenktafel an den österreichischen Maler und Dichter Adalbert Stifter, der um 1840 sechs Jahre lang im Kornhäusel-Turm um die Ecke wohnte. Im Jahre 1842 konnte er von dort aus eine totale Sonnenfinsternis beobachten. Die Menschen glaubten damals nicht mehr, ein Dämon würde die Sonne verschlingen und wieder ausspeien, aber sehr beeindruckt waren sie schon. Gewissenhaft schrieb Stifter seine Gefühle nieder:

Nie und nimmer in meinem ganzen Leben war ich von Erhabenheit und Schauder so beeindruckt. Es war nicht anders, als hätte Gott ein ernstes Wort gesprochen und ich hätte es verstanden.

Durch den Durchgang gegenüber kommst du nun zur Ruprechtskirche.

Der Salzhandel

Geh zuerst vor zu den Stufen und schau auf das moderne Haus auf der rechten Seite: Eine Darstellung an seiner Mauer zeigt dir, wie das alte Wien im Mauerkranz aussah. Du stehst hier auf dem Abhang zum einstigen Hauptarm der Donau, dem heutigen Donaukanal. Neben dir blickt die Statue des heiligen Rupert (✝718) ebenfalls zur Donau hinab. Er war der erste Bischof und Schutzpatron von Salzburg und brachte den Salzabbau und -handel in Schwung. Deshalb hält er ein Salzfass im linken Arm.

Das Salz wurde donauabwärts bis Wien verschifft, das war stets eine gefährliche Reise für die Schiffer. Waren sie glücklich am Salzgries (»Gries« ist eine Bezeichnung für »groben Sand«) gelandet, so eilten sie so rasch wie möglich durch das Salztor in die Stadt und zur Kirche ihres Schutzpatrons den Hügel hinauf, um ihm für ihre glückliche Ankunft zu danken. Nur die Wiener durften mit dem Salz dann weiter nach Osten, Süden und Südosten Handel treiben, was manche Familien, so die Pempflinger, sehr reich machte.

Der heilige Ruprecht mit dem Salzfass

Hier wurde das Salz gehandelt, deshalb heißt eine Gasse hier Salzgasse. An ihrer Ecke stand das Salzamt, dessen Aufgabe es war, das angekommene Salz gerecht auf die Händler aufzuteilen. Das alte Haus ist längst verschwunden. Doch die Redensart »Beschwer dich beim Salzamt!« ist in Wien noch immer üblich, wenn sich jemand unnötig über irgendetwas aufregt. Die wenigsten aber wissen, dass es das Salzamt tatsächlich gegeben hat. Es befand sich im alten »Praghaus«, das dem Herzog und seiner Familie gehörte. König Wenzel von Böhmen war hier einige Jahre lang gefangen. Das Haus war so an die Kirche angebaut, dass man von seinem ersten Obergeschoss aus direkt zur Empore gelangen konnte.

Die Ruprechtskirche

Die Ruprechtskirche ist der älteste erhaltene Kirchenbau auf Wiener Boden. Sie war aber nicht die erste Kirche, denn schon zur Römerzeit und zur Völkerwanderungszeit gab es

Die uralte Ruprechtskirche

christliche (römisch-katholische und arianische) Gebetsstätten, auch wenn man ihre Standorte nicht sicher nachweisen kann.

Hier erheben sich auf römischem Fundament karolingische, romanische und gotische Mauern. Der Bau wurde in der Neuzeit gelegentlich für andere Zwecke verwendet, etwa als Lagerraum, ja sogar als Pulverdepot. Im 19. Jahrhundert wurden die Tonnengewölbe, die einzustürzen drohten, durch eine gerade Holzdecke ersetzt.

Innen ist die Kirche keine Sensation. Sie ist sehr schlicht und anheimelnd, ein guter Platz für Andachten, kleine Konzerte und Ausstellungen.

Joey zeigt dir am vorderen Pfeiler des Hauptschiffes die hölzerne Statue des heiligen Rupert (Ruprecht) aus dem 14. Jahrhundert. Noch älter sind die obersten Glasscheiben des Mittelfensters hinter dem Altar. Sie gehen auf das 13. Jahrhundert zurück und sind somit die ältesten, die sich in Wien erhalten haben. Die Empore trägt die Jahreszahl 1439 und das geheimnisvolle Motto von Kaiser Friedrich III., »AEIOU«, das sehr verschieden ausgelegt wird.

Joey zählt drei Erklärungen auf: »Das soll heißen: *Alles Erdreich ist Österreich untertan.* Oder – du lernst ja Latein in der Schule – *Austria erit in orbe ultima* [›Österreich wird immer bestehen‹] beziehungsweise *Austriae est imperare omni universo* [›Österreich soll über den ganzen Erdkreis – oder sogar noch weiter – herrschen‹]. Ganz schön anmaßend, nicht wahr? Es gibt noch etliche andere Deutungen, und wenn du willst, kannst du selber eine erfinden.«

Ein vermauertes Fenster mit roten Farbresten könnte aus der Karolingerzeit stammen.

»Und wer liegt in dem gläsernen Sarg unter der Empore?«, fragst du.

Joey antwortet: »Das Skelett soll mit dem heiligen Virgil, dem Salzburger Nachfolger von Rupert, zu tun haben. Es stammt aber aus einer viel jüngeren Zeit. Vielleicht befinden sich in einer Phiole [›Glasröhrchen‹] im Sarg einige echte Blutstropfen Virgils.«

Sehr schön ist der Anblick jedenfalls nicht.

Die Judengasse

Ihr geht jetzt durch die Judengasse, wo schon im Mittelalter Juden wohnten und ihren Geschäften nachgingen. Joey erklärt dir, dass sie für den Herzog unentbehrlich für seine Geldgeschäfte waren. Außerdem dienten sie ihm als Leihkasse: Brauchte er Geld, so mussten die Juden zahlen. Dafür beschützte er sie, wenn es nötig war.

Immer wieder fielen nämlich schlecht entlohnte Soldaten, Abenteurer, Raufbolde und Studenten über die Juden her. Das ist der Grund, warum es in jüdischen Vierteln von jeher solch gut verschließbare Tür- und Fensterläden gab, wie du sie hier sehen kannst. Nahte ein Pöbelhaufen, so riefen die Juden einander zu: »Sie kommen!«, verriegelten die Läden und flohen in die Keller mit ihren Wertsachen – in der Hoffnung, die Obrigkeit würde rechtzeitig einschreiten.

Der Kornhäusel-Turm

Auf der linken Seite auf einem kleinen Platz steht ein Turm.

»Nein, er stammt nicht aus dem Mittelalter«, sagt Joey. »Er wurde zusammen mit dem ganzen Häuserblock erst in der ersten Hälfte des 19. Jahrhunderts vom Architekten Joseph Kornhäusel für die Israelitische Kultusgemeinde erbaut. Der Turm selbst diente ihm als Atelier. Es lag ganz oben und war nur durch eine Falltür mittels einer Leiter zu erreichen, die er hinter sich hochzuziehen pflegte, damit ihm seine zänkische Ehefrau nicht nachgehen konnte.«

Von diesem Turm aus betrachtete übrigens Stifter die Sonnenfinsternis.

Der Kornhäusel-Turm in der Judengasse entstand erst im 19. Jahrhundert

Die Sterngasse

Ihr geht nun gegenüber in die Sterngasse. Auf der linken Seite (Nummer 3 beziehungsweise Berghof 4) siehst du über dem Tor eine Türkenkugel. Sie wurde am 20. Juli 1683 von der Leopoldstadt (2. Bezirk) aus abgefeuert. Joey sagt:

Eine Türkenkugel von 1683 als Hauszeichen (Sterngasse 3)

»Du musst dir vorstellen: Nur vier Jahre nach der schrecklichen Pestepidemie lagen die Osmanen zum zweiten Mal vor Wien, einer ganz entkräfteten Stadt. Sie konnten Wien jedoch wieder nicht sturmreif schießen, da sie zu wenig Geschütze mitgebracht hatten. Aber auch diese stifteten noch genug Schaden: Es gab Kanonen, für die sie in mitgebrachten Formen Eisenkugeln gossen, ferner Mörser und Katapulte. Für sie nahm man einfach Steine aus der Umgebung, die man roh behaute, als Geschosse. Sie blieben in den Mauern der Häuser und des Stephansdoms stecken. Man sammelte viele ein, schlichtete sie zu großen Haufen oder mauerte sie ein.

Diese hier dient als Hauszeichen. Es ist eine Mörserkugel von 43 Kilogramm Gewicht.«

Während der Woche ist die sehr schmale und niedrige Tür (nichts für dicke Leute!), die man in das große Tor eingefügt hat, meist geöffnet (fest andrücken). Vom Flur aus siehst du über den hübschen Innenhof zum anderen Trakt, der noch heute Berghof heißt.

Da merkt deine Nase, dass uraltes Gemäuer drinnen steckt, nämlich ein Teil des ältesten, festen Hauses von Wien, erbaut auf römischen Resten. Im 17. Jahrhundert ergänzte man den hinteren Teil durch einen Neubau an der Straße zu einem kleinen Nonnenkloster, dem Wiener Neustädter Hof.

Das Kloster gibt es schon lange nicht mehr, aber man kann noch seine Spuren sehen: innen links den Eingang zur Hauskapelle, heute ein Lagerraum, und eine typische Klosterpforte mit Gitter, wo sich die Besucher anmelden mussten. Von der Straße aus siehst du den Abgang zur Krypta; heute eine Kellerbar.

Gehst du nun in der Sterngasse noch ein paar Schritte vor, dann kannst du nicht weit von hier den Turmhelm der Kirche Maria am Gestade sehen.

Geh die paar Treppenstufen hinunter: Rechts unten stehen vier Quader aus der Römerzeit. Das alte Lager Vindobona ist nämlich in der Tiefe noch vorhanden. Diese Steine hat man beim Abbruch des Hauses Nummer 5 gefunden. Vermutlich befand sich hier zur Römerzeit eine Badeanstalt.

Der Lazenhof

Manchmal tragen in Wien einzelne Häuser eine eigene Adresse, wie zum Beispiel der Berghof und der Lazenhof gegenüber in der Judengasse.

Die Lazen waren ein altes Bürgergeschlecht. Ihr bekanntester Vertreter war der Humanist (Gelehrte) Wolfgang Lazius, ein Leibarzt von Kaiser Ferdinand I. Er lebte hier im 16. Jahrhundert in einem schönen Haus, wo er nicht

Vom alten Lazenhof in der Judengasse hat sich nur die Adresse erhalten

nur die alten Geschichten Wiens aufschrieb, von denen dir Joey bereits einige erzählt hat, sondern auch römische Altertümer sammelte, die bei Bauarbeiten zum Vorschein kamen. Sie waren in seinem Garten aufgestellt. Leider hat sich nichts davon erhalten.

Joey erklärt dir, dass die alten Grund- und Stadtmauern Vindobonas die Stürme der Völkerwanderungszeit zum Teil überstanden haben, wenn auch mit schlimmen Brandschäden. Im Mittelalter verwendete man sie einfach weiter. Man baute hölzerne Häuser an sie an. Für Neubauten verwendete man römische Quader und Ziegel, die man einfach abklopfte. Sie waren immer noch besser und billiger als neues Baumaterial.

Der Berghof

Die vorderen Teile des Berghofes am Hohen Markt existieren schon längst nicht mehr. Er war das älteste feste Haus von Wien und diente den Stadtherren als Residenz.

Im 11. Jahrhundert gehörte der Berghof den Formbacher Grafen, einem Adelsgeschlecht aus der Nähe von Passau. Die letzte Formbacherin hieß Ita von Formbach-Ratelnberg. Sie war besonders schön, fromm, tugendhaft und auch reich (ein großer Teil von Wien gehörte ihr), und daher nahm sie der Babenberger Markgraf Leopold II. mit Vergnügen zur Frau (sie kam auf einem Kreuzzug ums Leben). Ihr gemeinsamer Sohn war der heilige Leopold.

Flugs schlüpft Joey mit dir ins Mittelalter, der Herzog kommt soeben aus dem Berghof. Er bleibt vor euch stehen.

Der heilige Leopold erzählt

»Als mein Vater im Jahre 1095 starb, wurde ich im Alter von 22 Jahren der neue Markgraf von Österreich. Mit 1,80 Metern Körpergröße und meinen breiten Schultern war ich ein sehr stattlicher Mann, was sich bei Turnieren oder im Krieg günstig bemerkbar machte.

Damals rief gerade Papst Urban II. die Christenheit auf, das Heilige Land von den Ungläubigen zu befreien. Tausende Menschen zogen mehr oder weniger gesittet die Donau entlang durch unser schönes Land. Selbst meine fromme Mutter Ita brach zu ihrer Reise ohne Wiederkehr auf. – Ich denke nicht im Traum daran, es ihr gleich zu tun. Mir sind mein eigenes Land und mein Leben wichtiger als Jerusalem.

Als ich mich im Streit zwischen Kaiser Heinrich IV. und dessen Sohn auf die Seite des Letzteren schlug, erhielt ich dafür die Hand seiner Schwester, der schönen Prinzessin Agnes. Wir residieren auf dem ›Callenberg‹ [von ›callen‹, das bedeutet ›bellen‹; heute: Leopoldsberg] und beim neu erbauten Kloster Neuburg. Die Leute erzählen, ein Windstoß habe einst den Schleier meiner Frau dorthin in einen Holunderbusch verweht, aber das ist nur eine fromme Legende.

Eine Übersiedlung nach Wien, das ich von meiner Mutter geerbt habe, kommt nicht in Frage, die kleine Stadt – wie ihr ja selbst seht – ist einfach nicht sauber und nicht sicher genug. Mein Berghof ist zwar fest, aber schon sehr alt und unbequem. Meine Frau Agnes brachte eine königliche Mitgift mit, da können wir uns schon etwas mehr Luxus gönnen.

Da wir mit den mächtigsten deutschen Familien verwandt sind, wäre ich fast deutscher König geworden, doch habe ich keine Lust dazu. Von unseren 17 Kindern schätze ich den klugen Otto, den Bischof von Freising und Geschichtsschreiber, am meisten. Er bewog mich, in Heiligenkreuz ein Kloster zu gründen. Mein Liebling aber war mein Sohn Leopold. Meine Töchter verheiratete ich mit den Fürsten der benachbarten Länder, um meinem Land den Frieden zu sichern. Am wenigsten von allen liebe ich Heinrich, denn er ist ehrgeizig, hochmütig und starrköpfig.«

Doch ausgerechnet diesem ungeliebten Sohn, Heinrich II. Jasomirgott, verdankt Wien seinen Aufstieg zur Hauptstadt! Du wirst auf dem Platz Am Hof noch mehr darüber erfahren.

Der Hohe Markt

Die Bezeichnung »Hoher Markt« hat nichts mit der Seehöhe zu tun. »Hoch« bedeutet so viel wie »wichtig«, ähnlich wie im Wort »Hochzeit«.

Hier gab es im Mittelalter alles, was eine Stadt benötigte. Rund um den öffentlichen Brunnen drängte sich ein Standl (Verkaufsstand) an das andere, Äpfel und Birnen, Fische und Vögel gab es da zu kaufen, dazwischen hockten Frauen neben ihren Eierkörben.

Rund um den Platz standen die Häuser der Kaufleute: das Leinwandhaus, der Fleischhof, das Kürschnerhaus, und die Geldwechsler waren ebenfalls da.

Das Haus mit dem grünen Dach vorne rechts an der Wipplingerstraße war das Rathaus, das Gerichtsgebäude (Schranne) stand vorne links an der Straßenkreuzung. Mehrmals umgebaut, dient es heute als Mietshaus. Auf seinem Giebel ist eine Uhr angebracht, auf deren (nicht sichtbarer) Rückseite geschrieben steht: *Die Uhr schlägt keinem Glücklichen.* Sie erinnert noch an alte Zeiten, wie Joey berichtet:

Die Uhr schlägt keinem Glücklichen

»Der Tag des Blutgerichts, der ›endliche Rechtstag‹, begann in der Schranne stets mit Glockengeläute, um die Dämonen zu verjagen. Auf der Balustrade [Balkon] wurde eine rote Fahne, die Blutfahne, gehisst. Dann schritt ein feierlicher Zug die Freitreppe empor: Vorangetragen wurde das blanke Gerichtsschwert, das nicht mit dem Richtschwert zu verwechseln ist. Dahinter kamen, in schwarze Roben gehüllt, der Richter und seine Beisitzer. Der Richter hielt als Zeichen seiner Würde einen Gerichtsstab in der Hand, der oft nur eine weißgeschälte Rute war. Er nahm auf der Balustrade Platz, die Beisitzer zu seinen Seiten. Der [oder die] Angeklagte wurde vorgeführt und ihm [ihr] das Urteil vorgelesen. Sollte es vollstreckt werden, wurde der Henker gerufen, dem der Richter den armen Sünder übergab. Dann zerbrach der Richter seinen Stab [die Redensart ›über jemanden den Stab brechen‹ kommt daher] und sagte: *Gott sei gnädig seiner* [beziehungsweise ihrer] *armen Seele.*

Die Vollstreckung des Urteils erfolgte meist sofort. Unter dem Geläute der Sterbeglocke [Armensünderglocke] wurde der [oder die] gefesselte Unglückliche in Begleitung eines Geistlichen die Treppe hinunter geführt und mitten auf dem Platz vor vielen Zuschauern hingerichtet, geköpft oder an den Galgen gehängt, der neben dem Pranger stand.«

Der Hohe Markt mit der Schranne (Gerichtsgebäude)

Im Jahre 1706 endete das grausige Spiel mitten in der Stadt. Man vollzog hier keine Hinrichtungen mehr, der Galgen wurde abgerissen. Den Anlass dazu gab die Errichtung des Vermählungsbrunnens.

Der Vermählungsbrunnen

Kaiser Leopolds I. Sohn und späterer Nachfolger Joseph (I.) war in den Spanischen Erbfolgekrieg gezogen. Sein Vater war in großer Sorge um ihn und gelobte im Jahre 1702 die Errichtung einer Gedenksäule auf dem Hohen Markt für den Fall seiner glücklichen Rückkehr.

Der Kaiser konnte das Versprechen aber nicht mehr einlösen, daher ließ nach seinem Tod Joseph selbst im Jahre 1706 ein Denkmal aus Holz errichten (Josephssäule) – einen Tempel mit der Darstellung der Vermählung der heiligen Maria mit dem heiligen Joseph, seinem Namenspatron.

Wasser gab es beim Denkmal noch nicht, denn die 1565 angelegte älteste städtische Wasserleitung führte von Hernals zum Hohen Markt gerade genug Wasser in Bleirohren heran, um die Marktleute damit versorgen und kleinere Stadtbrände bekämpfen zu können.

Im Jahre 1725 war das Denkmal schon halb verfault, als Josephs Bruder und Nachfolger Kaiser Karl VI. es durch einen Tempel aus Marmor und Sandstein ersetzen und durch Brunnenbecken umgeben ließ. Die Hernalser Wasserleitung war gerade zu der Zeit durch die Einspeisung der Als so ergiebig geworden, dass sie genug Wasser dafür und für die Versorgung der anderen wichtigen Plätze liefern konnte. Das war nicht nur ein hygienischer Fortschritt, sondern auch ein Segen für die Brandbekämpfung. Diese Leitung bestand bis 1879.

Die Ankeruhr

Nun zeigt dir Joey noch die Ankeruhr, die in eine zehn Meter lange Brücke eingebaut ist, welche die beiden Teile des Ankerhofes miteinander verbindet. Sie wurde vom Jugendstilmaler Franz Matsch entworfen und 1914 fertiggestellt.

»Zu jeder Stunde kommen eine einzelne Person oder ein Paar zum Vorschein – berühmte Leute aus Wiens Vergangenheit. Sie tragen römische Zahlen für die Stunden auf dem Kopf. Da jetzt gleich Mittag ist, wirst du sie alle sehen können. Sie machen eine Runde, einer nach dem anderen zieht an dem Glasfenster vorbei, jeder begleitet von einem passenden Musikstück. Deshalb stehen so viele Touristen davor und

Die Ankeruhr: Ein Highlight für Touristen

fotografieren, was das Zeug hält. Komm, wir wollen uns zu ihnen stellen!«

Schon erklingt Musik, es ist punkt zwölf. Joey erklärt dir in den nächsten zwölf Minuten jede Figur:

»Da ist der römische Kaiser Marc Aurel, der in Vindobona weilte; jetzt kommt Karl der Große, der die Peterskirche gegründet haben soll; ihm folgt der Babenberger Herzog Leopold VI., der Glorreiche, mit seiner Frau Theodora; dann Walther von der Vogelweide, der den Hof und die Wiener mit seinen Liedern begeisterte; jetzt siehst du König Rudolf I. von Habsburg, der seine Söhne 1282 mit Österreich belehnte, mit seiner Gattin Anna; und jetzt den Baumeister von St. Stephan, Hans Puchsbaum; da kommt wieder ein Kaiser, Maximilian I., der letzte Ritter; ihm folgt der Wiener Bürgermeister Liebenberg zur Melodie vom ›lieben Augustin‹; dann kommt Starhemberg, Wiens Verteidiger gegen die Osmanen. Wer jetzt herauskommt, muss ich dir nicht erklären, du erkennst ihn schon an der Begleitmusik: Prinz Eugen, der edle Ritter; ihm folgt unsere Herrscherin Maria Theresia mit ihrem Gatten Franz I. Stephan von Lothringen; und als Letzter Joseph Haydn.«

Nach dem Ende des Spektakels zerstreuen sich die Leute. Ihr seid nun sicher müde. Auf der anderen Seite des Platzes ist ein Eissalon. Ihr findet Platz und probiert das köstliche Eis.

3

Vom Hohen Markt zum Platz Am Hof

Nach der kleinen Stärkung willst du noch mehr von der Innenstadt sehen, aber Joey hat für heute genug: »Wir treffen uns morgen genau hier und machen weiter, okay?«

Am nächsten Tag begrüßt dich Joey mit den Worten: »Auf zu einer Zeitreise ins Mittelalter!«, und schon kannst du den Hohen Markt so sehen, wie ihn dir Joey am Vortag beschrieben hat.

Ihr habt euch in zwei junge Hofleute aus dem 15. Jahrhundert verwandelt. Die Schuhe sind sonderbar, mit ganz langen und vorne aufgebundenen Schnäbeln. Sie stecken in hölzernen Trippen (Überschuh), um sie im überall herumliegenden Schmutz nicht zu verderben. Die engen Hosen haben Beine in zwei verschiedenen Farben. Das hübsche, bunte Wams reicht nur bis zu den Hüften, und um die Mitte trägt ein jeder einen Gurt mit einem Schwert. Das Haar ist lang und gelockt, darüber sitzt ein flottes, federgeschmücktes Barett.

Ein kleiner Abstecher in die Tuchlauben

Joey führt dich zu einem schönen Haus (Tuchlauben 19), das wie viele andere außen bunt bemalt ist. Ihr betretet die Einfahrt und Joey erklärt:

»Hier standen früher zwei einstöckige Häuser, die einander über der Durchfahrt durch Schwibbögen stützten. Sie waren immerhin schon aus Bruchsteinen erbaut, wobei die Mauerstärke 90 Zentimeter betrug, und mit Holzschindeln gedeckt. Die meisten Häuser in Wien waren zu der Zeit noch ganz aus Holz, ähnlich dem Fachwerkbau. Erst nach der Errichtung der Stadtmauer gab es geschickte Baumeister, die sich an Steinhäuser heranwagten.

Die verbaute Grundfläche der Häuser war klein: Im Untergeschoss gab es höchstens vier Kammern und im Obergeschoss eine Kammer und eine heizbare Stube. Sie war nicht verraucht, denn schon vor 100 Jahren beheizte man sie von außen. Da wohnte und schlief die ganze Familie, aber auch die Dienstboten und die anderen Hausbewohner wärmten sich darin. Die Räume waren bei Tag recht dunkel, denn die Fenster waren klein: Glasscheiben konnten sich nur die reichen Leute leisten, also spannte man Leder oder Pergament vor die Öffnungen. Einige Kerzen aus teurem Wachs oder billigem Unschlitt [Talg], Kienspäne an der Wand und Öllämpchen spendeten bei Bedarf etwas Licht. Sehr gemütlich war das nicht!«

Du bist froh, dass du nicht damals leben musstest, und stellst fest: »Aber so sieht das Haus nicht mehr aus, es ist sehr schön. Wie kam das?«

Im Haus wohlhabender Bürger um 1450

Joey antwortet:

»1398 kaufte Michel Menschein [›Mondschein‹] die beiden Häuser. Er zählte zu den reichsten Leuten von Wien: den Tuchhändlern, die in den überdachten Lauben im Erdgeschoss der Häuser ihre Läden hatten. Deshalb wird die Straße Tuchlauben genannt.

Michels Firma lag auf der anderen Straßenseite in seinem Winterhaus. Aus den beiden alten Häusern auf dieser Seite aber machte er sein Sommerhaus. Dazu ließ er die Einfahrt überbauen und mit einer Fassade versehen. Unten waren die niedrigen Wirtschaftsräume und oben ließ er den prächtigsten Festsaal bauen, den man sich nur vorstellen kann! Selbst der Herzog kam oft hierher zu Gast.«

Nun führt dich Joey über eine Holztreppe hinauf und öffnet die Türe zu einem großen Saal, durch dessen Glasfenster die Sonne hell hereinscheint. Überall an den Wänden des großen Saales sieht man Fresken! Welch eine Pracht!

Joey erklärt sie dir: »In Wien gab es einst einen Dichter namens Neidhart, über den ich dir später beim Stephansdom noch mehr erzählen werde. Die Fresken hier zeigen Szenen aus seinen Dichtungen. Sie erzählen vom Leben und Treiben der vornehmen Gesellschaft und von den Bauern. Auf der linken Seite siehst du eine lustige Schlittenfahrt und rechts das Veilchenfest.«

Du bittest Joey, dir davon zu erzählen.

Neidhart und das Veilchenfest

»Die Herzöge residierten damals schon in der Hofburg: ein kaltes Gemäuer! Umso mehr sehnte man den Frühling herbei. Als willkommener Frühlingsbote galt das erste Veilchen, und wer es fand, der wurde belohnt.

Einst war Neidhart der glückliche Finder, und wie es so üblich war, bedeckte er den Frühlingsboten mit seinem Hut, um ihn wieder zu finden. Doch während er mit der frohen Kunde zur Burg lief, kamen zufällig einige Döper [Bauern] daher und pflückten das Blümchen. Ein Spaßvogel entleerte sich sogar an der Fundstelle und bedeckte seinen Kot mit Neidharts Hut. Dann rannten sie weg, denn schon nahte der festliche Zug, begleitet von Musikanten.

Als nun die junge Herzogin den Hut hob, duftete es darunter – nicht nach Veilchen. Die Hofleute dachten, Neidhart hätte ihnen einen bösen Streich gespielt und gingen auf ihn los, sodass er fliehen musste.

Vor der Stadtmauer traf er auf einem Feld einen Haufen Bauern, die um ein Veilchen tanzten. Das musste das ihm gestohlene sein! Wilde Wut erfasste ihn, er griff nach seinem Schwert und schlug auf die Bauern ein, bis einige tot auf dem Boden lagen.

Seit der Zeit hassten die Landleute den Bauernfeind und sollen später sogar sein Grab am Stephansdom beschädigt haben.«

Plötzlich verwandelt sich der Saal vor deinen Augen. Eure schönen Kleider sind verschwunden, ihr seid in die Gegenwart zurückgekehrt. Die Fresken sind zwar noch da, aber ihre Farben leuchten nicht mehr. Sie sind beschädigt. Der Saal ist kleiner geworden, denn ein Stiegenhaus wurde eingebaut.

Joey führt dich zur Tür hinaus. Bei der Treppe sind ebenfalls noch Reste der alten Fresken zu sehen. Ihr geht die Stufen hinunter, denn die alte Holzstiege existiert nicht mehr. In der Einfahrt zeigt dir Joey, dass sie früher viel tiefer lag: Die oberen Bereiche der Fenster und der Tür befinden sich jetzt in Schulterhöhe und die unteren Bereiche sind gar nicht zu sehen, weil Schmutz und Schutt den Boden im Lauf der Jahrhunderte erhöht haben.

Draußen auf der Straße zeigt dir Joey noch die Figur des Winters an der Ecke des Hauses gegenüber, die sich als einziger Rest vom Winterhaus erhalten hat.

Das Alte Rathaus

Joey geht jetzt mit dir zur Wipplingerstraße Nummer 6, zum Alten Rathaus. In dem großen Gebäude stecken die mittelalterlichen Mauern etlicher Bürgerhäuser. Sogar das ganze Erdgeschoss eines jüdischen Hauses aus der Zeit vor 1421 befindet sich in den Kellern entlang der Wipplinger-straße.

Die Wiener Erbbürger (der Stadtadel) hatten unter der Herrschaft König Ottokars (Přemysl Ottokar II., gefallen 1278 in Dürnkrut) nicht zu klagen, daher waren sie gar nicht erfreut über ihre neuen Herren, die Habsburger, und deren überhebliches, schwäbisches Gefolge. Sie leisteten ihnen Widerstand.

Im Jahre 1309 lehnten sie sich zum letzten Mal vergeblich auf. Wer von den Anführern nicht rechtzeitig fliehen konnte, wurde grausam hingerichtet. Die Güter der Aufständischen wurden eingezogen, darunter das große Haus der Familie der Haymonen in der Wipplingerstraße, das sogar eine eigene Hauskapelle im ersten Stock besaß.

Einige Jahre später schenkte es der Herzog als Zeichen der Versöhnung der Stadt, die es zu ihrem Rathaus machte. Bald danach begann man, alle Rechtsgeschäfte der Stadt in ein großes Stadtbuch einzutragen, das wegen seines Metallbeschlages »Eisenbuch« heißt und bis 1819 geführt wurde.

»Auch wenn das Rathaus inzwischen zweimal völlig umgebaut wurde, kannst du die alte Ratsherrenstube noch sehen«, sagt Joey und führt dich in den Hof zu deren Eingang. Heute ist das Archiv des österreichischen Widerstandes darin untergebracht.

»Schau an die Decke, du siehst die gotischen Gewölbe und die alten Eisenringe. Genau so sah der Saal schon aus, als 1671 hier Franz Graf Nádasdy als Hochverräter auf kaiserlichen Befehl hin sehr feierlich geköpft wurde.« – Joey zeigt auf die Gedenktafel innen neben dem Eingang. »Köpfen war die einzige Hinrichtungsart, die nicht als Schande

galt, das war also standesgemäß für
den Grafen. Anschließend stellte

*Das Rathaus in
der Wipplingerstraße*

man seinen Leichnam drei Tage lang draußen im Hof aus.
Ich zeige dir die Stelle, komm! Jetzt steht dort der Andro-
meda-Brunnen von Georg Raphael Donner.«

Das schreckliche Gesicht

Joey erzählt dir noch von einer Erscheinung, welche die
Ratsherren im Jahre 1464 bei einer ihrer Sitzungen in dem
alten Saal hatten:

»Die Herren wollten soeben ein neues Gesetz unterzeichnen, das nur ihnen alleine große Vorteile versprach. Da erschien mitten im Saal plötzlich das zürnende Antlitz von Jesus Christus, umgeben von seinem Heiligenschein. Die Ratsherren waren zutiefst bestürzt und zitterten. Das Schriftstück fiel zu Boden, die Erscheinung hatte ihr Gewissen aufgerüttelt. Das Gesetz kam nicht zustande.

Als die Wiener von der Sache erfuhren, dankten sie dem Erlöser innig für sein Eingreifen. Zum ewigen Gedächtnis und zur eindringlichen Warnung vor schlechten Gesetzen wurde später ein Bild der Erscheinung angefertigt und im Saal angebracht.«

Wie schade, dass sich Christus heute um die Regierungen nicht mehr persönlich kümmert!

Wien war damals nach dem Tod von Herzog Albrecht VI. gerade wieder kaiserlich geworden, doch Kaiser Friedrich III. liebte die Stadt, in der er einige Jahre zuvor in seiner Burg belagert worden war, nicht sehr. Die Bürgerschaft war in Parteien gespalten, die jahrelangen Erbfolgekriege hatten der Wirtschaft sehr geschadet.

Nun führt dich Joey zur altkatholischen Kirche St. Salvator, deren obere Hälfte die Hauskapelle der Haymonen war. Danach geht ihr durch das hintere Tor hinaus in die Salvatorgasse, wo ihr das schöne Renaissance-Portal der Kirche seht.

Weiter geht es nach links zum Redemptoristenkloster (früher Passauerhof), das die Kirche »Maria Stiegen« betreut.

Maria am Gestade

Sie ist die zweitälteste, noch original erhaltene Kirche von Wien und als Wallfahrtsheiligtum der Mutter Maria geweiht. Außerdem werden hier die Reliquien des Stadt-

patrons Klemens Maria Hofbauer verehrt. Der vor 1430 entstandene, schon von Weitem sichtbare Turmhelm aus Rankenwerk scheint wie aus feinstem Zucker gesponnen – ein Höhepunkt der Wiener Gotik.

Das Seitenportal in der Salvatorgasse ist tagsüber nicht versperrt (fest drücken!), du kannst innen bis zu einem Gitter vorgehen und die Altarbilder, Statuen und Glasmalereien dahinter sehen. Der Chor ist vom Schiff aus leicht nach rechts geknickt, denn die Grundmauern mussten sich nach dem früheren Verlauf der Donau richten.

Das Gotteshaus war sehr wichtig für die Händler und Kaufleute, die hier zu beten pflegten, bevor sie zu einer Reise auf der Donau nach dem Osten,

Maria am Gestade mit dem Passauerhof, der bis zum Donaukanal reichte

Maria am Gestade, Innenansicht

dem Orient, aufbrachen. Es lag an der Einmündung des Ottakringer Baches, zu dessen ehemaligem Bett (heute: Tiefer Graben) die breite Fischerstiege hinabführt. Am Fuß der Treppe stehen Bürgerhäuser aus dem 15. und 16. Jahrhundert, deren Tore leider nicht mehr offen sind. Für die Donauschiffer gab es um die Ecke am Bachufer die Schänke »Zum Orient« (heute ein Hotel).

Der Ottakringer Bach

Joey erzählt dir, dass der Ottakringer Bach seinerzeit durch den heutigen 1. Bezirk floss. Für die Römer bildete er die natürliche Grenze vor ihrer Stadtmauer im Verlauf Strauchgasse–Tiefer Graben. Im Hochmittelalter leitete man ihn wegen der Erbauung des Minoritenklosters um. Da waren die vielen Handwerksbetriebe an seinem ehemaligen Ufer plötzlich ohne Wasser. Also leitete man den Alsbach am Schottenkloster vorbei und durch die Herrengasse in das alte Bett des Ottakringer Baches ein.

Die Als floss noch 1456 (Gedenktafel Strauchgasse/ Ecke Heidenschuss) durch den Stadtgraben über das Schottentor zur Donau. Als im 16. Jahrhundert die Stadtbefestigung um Wien verstärkt wurde, leitete man sie zum Wienfluss um.

Das Alte Arsenal

Joey erzählt dir, dass es hier bis 1875 ein Arsenal (von arabisch »dār as-sinā'a«, das bedeutet »Werkstatt«, »Fabrik«) gab. Nach dem Abbruch entstanden auf seinem Areal etliche Straßen und Häuserblöcke (unter anderem die Börsegasse, die Heinrichsgasse, der Concordiaplatz) und der westliche Teil der Wipplingerstraße, die vor-

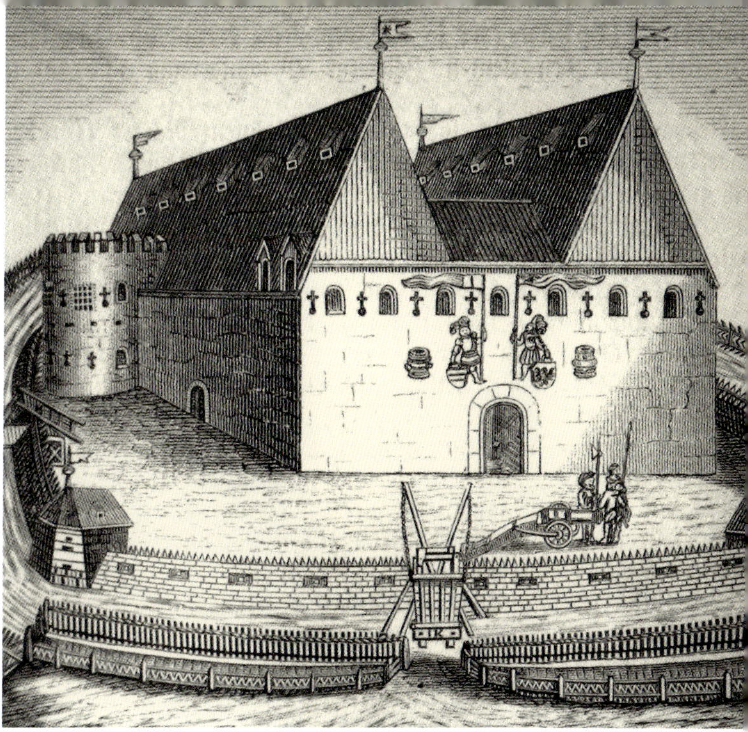

Das ehemalige Arsenal

Kanonen im Innenhof des Arsenals

her bei der Renngasse an den Mauern des Arsenals endete.

»Nur wenige Leute wissen das heute, aber ich habe das Arsenal bei meinen Zeitreisen oft besucht. Es hatte die Adresse ›Im Elend Nummer 346‹. Vom Eingang des Gebäudes konnte man über eine Stiege auf die Hohe Brücke gehen, von wo aus man in die Renngasse zum kaiser-

69

lich-königlichen Zeughaus kam, was in Kriegszeiten wichtig war.«

Du bist ziemlich erstaunt darüber, denn du hast den Namen Arsenal bisher nur mit dem großen Militärkomplex beim Südbahnhof verbunden, das heute ebenfalls keinen militärischen Zwecken mehr dient. Du willst mehr darüber erfahren, und so berichtet Joey:

Die Donau-Kriegsmarine

»Zur Zeit der Ersten Türkenbelagerung machten die Belagerer der Stadt mit ihrer Donauflottille sehr zu schaffen. Um die Wasserseite in Zukunft besser zu schützen, musste diese daher in die neuen Befestigungswerke mit einbezogen werden. Kaiser Ferdinand I. rief schiffskundige Spanier und Italiener nach Wien und ließ das Wiener Fluss-Streitschiff-Arsenal innerhalb der Stadtmauern errichten.

Damals war der Stadtgraben noch mit Wasser gefüllt, welches auch das Becken des neuen Schiffsarsenals mit Wasser speiste. Das Gebäude am Neuen Tor war 1537 fertig und wurde streng bewacht. Der Wächter durfte nur Personen von Ansehen [Aristokraten] und sonst niemanden eintreten lassen, was für mich aber kein Problem war, ich machte mich einfach unsichtbar. Bei Nacht durfte sich kein Fremder im Arsenal aufhalten, ja nicht einmal die Schiffszimmerleute, und es durfte kein Feuer gemacht werden, um die Schiffe nicht in Gefahr zu bringen. Von diesen gab es um 1540 zehn verschiedene Arten, darunter die ›Nassarn‹ [Schiffe türkischer Bauart].«

Kannst du dir vorstellen, dass man hier mitten in Wien einmal Kriegsschiffe baute? Du fragst Joey, wer die Matrosen waren.

»Das war tatsächlich ein großes Problem, denn die kaiserlichen Soldaten waren an den Dienst zu Wasser ja überhaupt nicht gewöhnt. Also holte man erfahrene Flussmatrosen aus Ungarn, 824 ›Nassardisten‹, die 1552 einem Oberschiffsmeister unterstellt wurden. Sie waren bei ihren Einsätzen auf der Donau sehr erfolgreich. Das war also der Anfang der österreichischen Kriegsmarine.

Als 1715 ein neuer Schiffsbauplatz im Prater angelegt wurde, baute man die größeren Kriegsschiffe dort.

Im Jahre 1763 entstand in Klosterneuburg eine militärische Schiffswerft. Joseph II. hob daher das Wiener Streitschiff-Arsenal am Salzgries auf und quartierte die Proviantbäckerei für die Armee dort ein. Noch bis zu ihrem Abriss behielt sie die Form des Alten Arsenals: Der tief gelegene Hof war der ehemalige innere Hafen und die Fruchthallen zeigten noch die großen Einfahrtsbogen in die Docks.«

Die Hohe Brücke

Bevor du nun zur Hohen Brücke hinaufgehst, sieh dir das »Hohe Haus« auf der linken Seite an, es hat sieben Stockwerke. Um 1710 erbaut, war es lange Zeit das höchste Haus von Wien.

Du wirst später seine andere Seite Am Hof Nummer 7 sehen (mit der Garage der Feuerwehrzentrale) – dort hat es nur fünf Stockwerke. Daran erkennst du, wie tief der Ottakringer Bach sich einst eingeschnitten hat und wie hoch darüber der Platz lag.

*Die Hohe Brücke
um 1910*

71

Über den Bach gab es schon zur Römerzeit und im Mittelalter eine Brücke aus Holz, der erste Steinbau folgte im 15. Jahrhundert. Diese Brücke wurde in der Barockzeit umgestaltet und um 1855 abgerissen. Die nächste steinerne Brücke hielt nur 50 Jahre, sie wurde schon 1904 durch die heutige ersetzt.

»Schau dir die Marmorverkleidungen gut an«, sagt Joey. »Da sind alle früheren Brücken dargestellt.«

Die alte Judenstadt

Bei der Hohen Brücke stand noch bis 1775 ein mittelalterlicher Stadtturm (Ecke Wipplingerstraße/Rockhgasse), der Judenturm, wo sich im Mittelalter einer der Zugänge zur Judenstadt befand. Diese hatte ursprünglich fünf Tore, das Tor neben dem Rathaus (beim Stoß im Himmel) wurde aber 1380 vermauert. Die anderen befanden sich am Beginn der Wipplingerstraße beim Hohen Markt, in der Färbergasse gegen den Platz Am Hof und am Ausgang des Schulhofs.

Der Schulhof mit dem Uhrenmuseum hinter der Kirche »Zu den neun Engelschören«

Joey führt dich nun die Wipplingerstraße zurück bis zur Färberstraße und weiter bis zur ersten kleinen Gasse nach links. Ihr steht jetzt vor dem Restaurant »Brezl Gwölb« (Ledererhof 9) und habt die Gelegenheit, euch auf den Bänken davor etwas auszuruhen.

Joey fragt den Kellner, ob ihr einen Blick in den Keller werfen dürft. Das Haus ist viel tiefer als hoch. Das erste Kellergeschoss, das jetzt ein Teil des Lokals ist, lag zur Römerzeit noch ebenerdig, wie eine römische Mauer mit einer Fensteröffnung (links vom Stiegenabgang) beweist. Die drei weiteren Kellergeschosse aber, die bis in dieses Jahrhundert noch mit fast allen Kellern im 1. Bezirk verbunden waren (man konnte durch ganz Wien unterirdisch gehen), sind heute abgemauert.

Bevor das »Brezl Gwölb« entstand, gab es hier eine Backstube, welche als eine der ersten die bekannten »Laugenbrezen« herstellte.

Nachdem ihr euch dankend verabschiedet habt, führt dich Joey am Brunnen vorbei weiter zur Drahtgasse und dann nach links zum Judenplatz.

Der Judenplatz

Der Judenplatz war bis 1421 der Mittelpunkt der einstigen Judenstadt, die 1294 erstmals erwähnt wurde. Hier befanden sich das Judenspital (Judenplatz 10), die Synagoge (in der Mitte des heutigen Platzes, wo das Mahnmal steht), das Haus des Rabbis und eine Badstube. Um 1400 lebten hier 800 Menschen, Händler, Pfandleiher, Gelehrte und Dienstboten, in etwa 70 Häusern, die so angeordnet waren, dass ihre rückwärtigen Mauern eine geschlossene Begrenzung bildeten.

Bei einem Rundgang siehst du das Haus Judenplatz Nummer 2, das eines der ältesten Häuser von Wien ist. Der Sohn des ersten christlichen Besitzers war ein gewisser Jörg (Georg) Jordan, der 1497 das noch heute sichtbare Relief anbringen ließ: Unter einer Darstellung seines Namenspatrons, dem heiligen Georg, ist die Taufe Jesu im Jordan als Anspielung auf seinen Familiennamen dargestellt. Die lateinische Inschrift darunter besagt:

> *Durch die Fluten des Jordan wurden die Leiber von Schmutz und Übel gereinigt. Alles weicht, was verborgen ist und sündhaft. So erhob sich 1421 die Flamme des Hasses, wütete durch die ganze Stadt und sühnte die furchtbaren Verbrechen der Hebräerhunde. Wie damals die Welt durch die Sintflut gereinigt wurde, so sind durch das Wüten des Feuers alle Strafen verbüßt.*

Lange wurde diese Inschrift nicht sonderlich beachtet, doch als 1995 bis 1998 Stadtarchäologen den Platz untersuchten, wurden die Ereignisse des Jahres 1421 weithin bekannt. Joey erzählt dir, was damals Schreckliches geschah.

Der Judenplatz mit dem Jordanhaus, dessen Inschrift an die Ausrottung der Juden im Jahre 1421 erinnert

»Damals regierte bei uns Herzog Albrecht V., der Schwiegersohn und spätere Erbe König Sigismunds von Luxemburg, der in Böhmen herrschte. Dort empörten sich die Anhänger des sechs Jahre zuvor verbrannten Vorreformators Jan Hus gegen ihren Herrscher, und Albrecht zog dem Schwiegervater mit einem Heer zu Hilfe.

Er war bei der Wiener Judengemeinde ebenso wie viele seiner Ratgeber hoch verschuldet, also redeten ihm diese ein, die Juden würden die Hussiten finanziell unterstützen. Auf diese unbewiesene Behauptung hin beschloss der Herzog, die Juden entweder zu bekehren oder ›abzuschaffen‹ [zu vertreiben und zu vernichten].

Einige von ihnen ließen sich taufen und erhielten Familiennamen wie ›Neuchrist‹ oder traten in Klöster ein. Viele der Standhaften wurden in kleinen Schiffen ohne Ruder auf der Donau ausgesetzt, wobei etliche ums Leben kamen. Der Rest wurde in Preßburg von den Ungarn gerettet.

Die Legende berichtet, andere hätten sich in die Synagoge auf dem Judenplatz geflüchtet. Als es hieß, ihre Kinder sollten zwangsgetauft werden, sollen sie sich alle darin aus Verzweiflung und Angst gegenseitig umgebracht haben.

Albrecht schenkte später das Baumaterial der Synagoge der Universität, welche damit die Alte Aula baute. Vermögende Juden aber, mehr als 200 an der Zahl, wurden in Wien ins Gefängnis geworfen und gefoltert, um an ihr Geld heranzukommen. Schließlich ließ Albrecht die Gefangenen auf der Wiener ›Gänseweide‹ in ein hölzernes Haus pferchen und anzünden. Kaum waren die Flammen erloschen, stürzten sich einige Studenten in die Glut, um verschlucktes Gold und Edelsteine zu finden.«

Du kannst eine Darstellung der Geschehnisse und Teile der Ausgrabungen im Museum auf dem Platz sehen, der Eingang befindet sich auf Haus Nummer 8 (das »Misrachi-Haus« ist ein religiöses Zentrum der Juden, es bietet zahlreiche Veranstaltungen).

Ihr geht jetzt durch die Drahtgasse weiter zum Platz Am Hof. Der Name verrät dir schon, dass hier einst die Residenz der Babenbergerherzöge stand.

Am Hof

Als Heinrich II. Jasomirgott seine Residenz im Jahre 1156 nach Wien verlegte, bestand diese nicht aus einer wehrhaften Burg, sondern aus einem Wohngebäude, zwei Kapellen und einem oder mehreren Wirtschaftsgebäuden. Eine der Kapellen war vermutlich die Pankrazkapelle, die bis ins 16. Jahrhundert existierte. Gegen

Nordwesten und Südwesten lehnte sich der »Hof« an den Mauerzug des Römerlagers an, stadteinwärts war er durch Tore gegen die bürgerliche Altstadt und die Judenstadt abgegrenzt.

Herzog Heinrich II. Jasomirgott erzählt

Und wieder zaubert dich Joey ins Mittelalter zurück, du siehst die alten Gebäude und den Turnierplatz in der Mitte, wo einige Ritter soeben den Schwertkampf üben. Ein großer Mann kommt auf euch zu, es ist Herzog Heinrich II.:

»Mein Vater Leopold III. starb am 15. November 1136 an den Folgen eines Jagdunfalls. Viele Leute dachten, ich hätte etwas damit zu tun gehabt. Sogar meine Mutter Agnes und der Papst verdächtigten mich und sorgten dafür, dass nicht ich, sondern mein jüngerer Bruder Leopold IV. die Nachfolge antrat. Daher verließ ich Österreich und regierte als Pfalzgraf am Rhein.

Doch es dauerte keine fünf Jahre, so starb mein Bruder, der inzwischen auch Herzog von Bayern geworden war. Nun war endlich ich Markgraf von Österreich und Herzog von Bayern und schlug meine Residenz in Regensburg auf.

Meine Ehe mit der einzigen Tochter Kaiser Lothars III. währte nicht lange, meine Gattin wurde mir durch den Tod entrissen. Da lud mich mein Halbbruder König Konrad III. ein, ihn ins Heilige Land zu begleiten. Unterwegs nahm ich 1148 die 15-jährige Prinzessin Theodora Komnena zur Frau. Wie sich die Griechen darüber aufregten! Sie stellten sich an, als ob ein kostbares Juwel einem grässlichen Raubtier zum Fraße vorgeworfen worden wäre!

Zurück in Wien, das ich nun Windopolis nannte, schuf ich einen würdigen Rahmen für meine Frau, die ja an Luxus gewöhnt war. Wir veranstalteten große Feste, zu unseren Gästen zählte selbst Kaiser Friedrich I. Barbarossa.«

Unter Heinrichs Sohn Leopold V. wurde der Hof zu einem Mittelpunkt des Ritterwesens und des Minnesangs (Walther von der Vogelweide), und die Stadt zum Treffpunkt der Kreuzfahrer. Als dann etwas später die Hofburg errichtet wurde, brachte man in der alten Residenz die Münze (Geldprägeanstalt) unter.

Heute erinnert hier nichts mehr an die Babenbergerzeit. Der Platz diente ab dem 14. Jahrhundert als Marktplatz, außerdem fanden hier etliche (besonders grausame) Hinrichtungen statt.

Die Kirche »Zu den neun Engelschören«

Das älteste Bauwerk am Platz ist die Kirche »Zu den neun Engelschören«, deren gotischen Ursprung man nur vom Schulhof aus sieht, denn sie wurde nach einem verheerenden Brand in der Barockzeit umgebaut.

Als Papst Pius VI. zu Ostern 1782 in Wien weilte, erteilte er vom Balkon aus den Segen »Urbi et orbi«. Er war gekommen, um Kaiser Joseph II. an der Aufhebung vieler Klöster zu hindern, hatte jedoch keinen Erfolg. Auch Papst Johannes Paul II. spendete 1983 anlässlich seines Wien-Besuches hier den Ostersegen. Die Säule in der Platzmitte zeigt Maria, die den Drachen besiegt – gemeint ist der Sieg der katholischen Kirche über alles Böse (und alle Nichtkatholiken).

Das bürgerliche Zeughaus

In alten Zeiten war jeder Wiener Bürger zur Verteidigung der Stadt verpflichtet und musste für seine eigenen Waffen sorgen. Die Stadt besaß ebenfalls einen großen Waffenvorrat. Für diesen wurde 1562 das Zeughaus Am Hof (Nummer 10) auf dem Areal des ehemaligen jüdischen Fleischhofs gebaut. Es

wurde 1731/32 im Barock-
stil umgestaltet und mit
einem goldenen Globus
und dem Kaiseradler ge-
schmückt. Es enthielt, abgesehen von den Gebrauchs-
waffen, neben einer bemer-
kenswerten Sammlung von
Prunkwaffen auch Beutestü-
cke aus den Türkenkriegen.

Das kaiserliche Zeughaus,
wo die großen Geschütze
gegossen wurden, befand
sich übrigens auf der anderen
Seite der Innenstadt auf der
Seilerstätte, dort, wo heute

*Das bürgerliche Zeughaus mit der
vergoldeten Erdkugel*

das Ronacher steht. Während der Revolution von 1848
wurde das bürgerliche Zeughaus von den Aufständischen
gestürmt. Die Nationalgarde schlug hier ihr Hauptquartier
auf. 1873 wurde es zum »Bürgerlichen Waffenmuseum«
umgestaltet. Nachdem man die Objekte 1885 ins Rathaus
übersiedelt hatte (heute sind sie im Wien Museum), wurde
das Gebäude zur Feuerwehrzentrale bestimmt.

Die Feuerwehr

Eine Berufsfeuerwehr gab es auf dem Platz (an der Stelle
von Haus Nummer 9) bereits im Jahre 1686, sie ist somit
die älteste der Welt. Ursprünglich bestand sie nur aus vier
»Feuerknechten«.

Das barocke Märkleinsche Haus (Nummer 7) beherbergt
das Wiener Feuerwehrmuseum. In acht Räumen kannst du
alles über die Geschichte und die technische Entwicklung

Wien erhielt schon 1686 als erste Stadt der Welt eine Berufsfeuerwehr

der Feuerwehr erfahren. Du siehst alte Uniformen, Bilder und Geräte, vom Wassereimer über den »Froschkönig« bis zum modernsten Einsatzfahrzeug. Im Vorgängerbau starb 1683, zwei Tage vor dem Ende der Zweiten Türkenbelagerung, Bürgermeister Johann Andreas von Liebenberg an der Ruhr, woran ein Relief an der Fassade erinnert.

Gehst du nun weiter zur Freyung, so kommst du an der Strauchgasse vorbei, wo einst der Ottakringer Bach floss, wie eine Tafel erzählt. Man kann sogar noch eine Vertiefung quer zur Straße sehen, die sich in den Tiefen Graben fortsetzt, sein ehemaliges Flussbett. Joey zeigt dir an der Ecke des Hauses Strauchgasse Nummer 1 die Figur eines Türken und erzählt von der Ersten Türkenbelagerung.

Die Legende vom »Hayden Schuß«

»Als die Osmanen 1529 vor Wien lagen, verfügten sie über nur wenige schwere Geschütze. Daher versuchten sie, durch Minengänge unter die Stadt zu gelangen, um mit Pulver Breschen in die Stadtmauern zu sprengen. Sie waren Meister in dieser Art von Kriegsführung.

Die Wiener stellten in ihren Kellern mit Wasser gefüllte Bottiche und Trommeln auf, bespannt mit Kalbsfell, auf dem kleine Würfel lagen. So hoffte man, etwaige Erdarbeiten der Belagerer früh genug zu entdecken.

Damals stand hier ein Bäckerhaus. Der Geselle Joseph Schulz stand meistens schon in der Nacht am Backofen, denn die Verteidiger der eingeschlossenen Stadt brauchten viel Brot. Da sah er die Würfel plötzlich zittern, und als er sein Ohr an den Boden presste, hörte er Stimmengewirr und Klopfgeräusche. Die Feinde wühlten sich unter die Stadt! Sofort lief er zum Stadtkommandanten. Dieser ließ vom Keller des Bäckerhauses aus einen Gegenstollen graben, und wirklich: Bald traf man auf die Eindringlinge, die man im Dunkel überraschte und niedermachte.

Das Haus hieß von der Zeit an »Zum Hayden Schuß«. Die ganze Bäckerzunft erhielt zur Belohnung vom Kaiser verschiedene Freiheiten und durfte alljährlich mit klingendem Spiel und fliegenden Fahnen ihren Bäckeraufzug feiern.«

Du kannst nicht recht glauben, dass die Belagerer bis hierher vorgedrungen sind? Joey meint:

»Du hast vermutlich recht, aber bis unter die Hofburg sind sie gekommen, zumindest bei der zweiten Belagerung. Hier an der Ecke besaß die Familie Hayden schon lange vor der Türkenzeit ein

Osmanische Belagerer von 1529

Haus, und da hat man wegen des Namens die Legende eben hier fest gemacht, obwohl der Vorfall sicher anderswo stattgefunden hat.«

Nun geht es weiter zur Freyung, die noch bis ins 19. Jahrhundert durch eine Häuserreihe vom Platz Am Hof getrennt war.

Ursprünglich nannte man diesen Platz die »Gegend bei den Schotten«, unterteilt in die Gegend »Am Mist« bei der Strauchgasse und »Am Bühel« gegen die Renngasse hin.

Die Freyung

Das von Herzog Heinrich II. hier im Jahre 1155 (der Stiftungsbrief von 1158 ist eine Fälschung) außerhalb der alten Stadtmauer gegründete Schottenkloster gewährte Befreiung von der städtischen Gerichtsbarkeit, daher kommt wahrscheinlich die Bezeichnung Freyung.

Eine andere Erklärung dafür könnte die ursprüngliche Bedeutung des Wortes Freyung sein: Ein »Freithof«, also ein »umfriedeter (Kirchen-)Hof«, diente zwar als Begräbnisstätte, aber auch als Marktplatz und Gerichtsplatz.

Schottenstift und Schottenkirche prägen bis heute den Platz. In der Nähe der Renngasse befindet sich der 1846 gestiftete, von Ludwig Schwanthaler entworfene Austria-Brunnen.

Der Austria-Brunnen

Joey zeigt dir die Figuren: »Die Bronzestatue der Austria im Krönungsmantel trägt auf ihrem offenen Haar die bürgerliche (Stadt-)Mauerkrone, in der Linken hält sie eine Lanze und in der Rechten den Schild mit dem kaiserlichen Doppeladler. Sie wurde in München gegossen, und angeblich hat man in ihrem hohlen Körper Zigarren nach Wien eingeschmuggelt. Da die Figur nach ihrer Ankunft in Wien von nicht informierten Handwerkern sofort hier aufgestellt wurde, soll sich das Schmuggelgut noch immer darin befinden.

Die vier Flussgottheiten zu ihren Füßen stellen die Hauptflüsse der Monarchie dar: Elbe, Weichsel, Donau und Po. Sie münden in vier verschiedene Meere und symbolisieren die vier großen Sprachgruppen des Habsburgerreiches: Germanen, Slawen, Ungarn und Italiener. Die Grundform des Brunnens ist das vierblättrige Kleeblatt.«

Der Austria-Brunnen auf der Freyung

Auf der Freyung befinden sich etliche Adelspaläste, wie das Palais Kinsky und das Palais Harrach, das sich bis zur Herrengasse erstreckt. Joey wird es dir später zeigen.

Der kleine Park an der Ecke davor erhielt 2005 den Namen PaN-Garten, benannt nach dem Dachverband aller österreichisch-ausländischen Gesellschaften PaN (Partner aller Nationen). Früher stand hier ein Gartenpavillon von Johann Lucas von Hildebrandt, der eine scharfe Grenze zwischen Freyung und Herrengasse bildete. 1944 durch eine Bombe zerstört, blieb seine Ruine noch lange stehen. Beim Bau einer Tiefgarage fand man in sechs Metern Tiefe die originale mittelalterliche Pflasterung des Platzes und verlegte sie neu im modernen Gehsteig vor dem Palais, wo du darübergehen kannst.

Vor dem Schottenkloster findet im Sommer jeden Freitag und Samstag ein Biobauernmarkt statt, und zur Osterzeit und im Advent gibt es ebenfalls je einen Markt, auf dem Handwerkskunst angeboten wird.

»Früher hat sich da der Teufel herumgetrieben!«, sagt Joey, und erzählt dir dazu eine Geschichte.

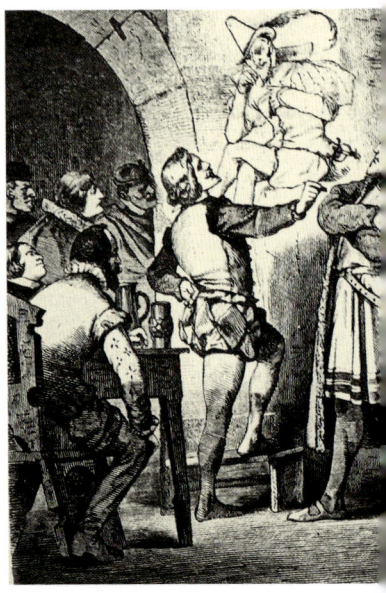

Den Teufel malt man besser nicht an die Wand!

Die Sage vom roten Mandl

»›Am Bühel‹ stand um die Mitte des 16. Jahrhunderts ein kleines Häuschen mit einer Kellerschänke, die besonders bei fahrenden Schülern und Künstlern, Komödianten, Malern und Kupferstechern beliebt war.

Eines Abends saßen die Stammgäste gemütlich beisammen, um bei fröhlichen Gesprächen dem Wein zuzusprechen. Da trat plötzlich ein Mann ein, den sie jubelnd begrüßten: Faust, der Doktor der Magie. Der Hausknecht brachte ihm einen großen Becher Wein, der war so randvoll, dass er überfloss.

Faust drohte: ›Wenn du noch einmal etwas von meinem Wein verschüttest, dann fresse ich dich mit Haut und Haar.‹

Der Knecht ärgerte sich darüber, und als er den nächsten Becher brachte, schüttete er absichtlich etwas Wein aus. Da sperrte Faust den Mund weit auf, und verschwunden war der

Hausknecht. Faust spülte mit dem Inhalt eines großen Wasser-
eimers nach. Der entsetzte Wirt bat ihn, ihm seinen Knecht
doch wieder zu geben. Da sagte Faust, er solle auf der Stiege
nachschauen. Und wirklich, ganz oben saß der arme Bursche,
von Wasser triefend und zähneklappernd vor Kälte.

›Ihr müsst mit dem Teufel im Bund sein!‹, rief er.

Nun drehten sich alle Gespräche nur mehr um den Teufel.
Einer der Zecher, es soll der Maler und Kupferstecher Hirsch-
vogel aus Nürnberg gewesen sein, nahm ein Stück Kohle und
zeichnete an die Wand die Figur eines Junkers, umflattert von
einem schwarzen Mantel, der zackig war wie ein Drachenflü-
gel. Auf dem Kopf saß ein Hut mit einer Hahnenfeder, ein höh-
nisch grinsendes Gesicht sah auf die Gäste herab.

Kaum war die Figur fertig, stand Faust auf: ›Den Teufel an der
Wand will ich euch gleich leibhaftig zeigen.‹

Es wurde ganz dunkel im Keller, und die Zeichnung begann
rote und grüne Farbe anzunehmen und sich zu bewegen. Dann
sprang die schreckliche Gestalt mit solchem Getöse von der
Wand herab, dass die Gäste voller Angst davonliefen.

›Man soll den Teufel nicht an die Wand malen!‹, rief ihnen Doktor Faust mit donnernder Stimme nach.

Die Schänke hieß seit der Zeit ›Zum roten Mandl‹, der Name
ging noch auf das später an der Stelle erbaute Haus über, das
1918 abgerissen wurde.«

Das Schottenkloster und die Schottenkirche

Die Schottenkirche wurde 1155 begonnen und 1200 geweiht, letzte Reste aus der Zeit sieht man noch in der Romanischen Kapelle mit der ältesten Marienstatue der Stadt
(1250) und in der Finsteren Sakristei. Auch der berühmte
Schottenaltar (heute im Stiftsmuseum) stand um 1500 in
der inzwischen gotisierten Kirche.

Erdbeben, Feuersbrünste und der Zahn der Zeit nagten
an ihr, bis sie im 17. Jahrhundert so baufällig war, dass man

Die Schottenkirche in ihrer ältesten Gestalt

sich zu einem Neubau im Stil des italienischen Frühbarock entschloss.

»Was aber haben denn Schotten mit Wien zu tun?«, willst du wissen.

Joey erklärt dir, dass im Frühmittelalter eine rege Missionstätigkeit von Irland ausging, das lateinisch »Scotia Major« heißt.

»Deshalb nannte man die irischen Mönche Schotten oder Iroschotten. Herzog Heinrich II. Jasomirgott bestimmte in der Gründungsurkunde des Klosters, dass nur solche Mönche hierher berufen werden sollten. Er hatte sie als Herzog von Bayern in Regensburg kennen und schätzen gelernt. Sie verfügten über genügend Wissen, um ihm bei der Verwaltung beizustehen: Sie kümmerten sich um den Unterricht, bildeten Schreiber aus, sorgten für Baumeister sowie andere Fachleute, und unterhielten nicht nur eine Bibliothek, sondern sogar ein Hospiz für Pilger und Kreuzritter auf dem Weg nach Jerusalem. Außerdem kümmerten sie sich um die Ausbildung der Priester.

Im Laufe der Jahrhunderte rissen im Kloster allerdings Missstände ein, sodass Herzog Albrecht V. im Zug der Melker Reform den Schotten das Kloster im Jahre 1418 entzog und den Benediktinern übergab. Die Bezeichnung ›Schotten‹ blieb trotzdem bis heute erhalten, und eine Schule gibt es noch immer hier, das Schottengymnasium.«

»Wollen wir noch weitergehen, oder machen wir das an einem der nächsten Tage?«, fragt Joey.

»Ja, vielleicht morgen, wir treffen uns einfach wieder hier«, sagst du, denn jetzt bist du müde und hungrig. Du möchtest gern bei den Standlern ein leckeres Schinkenbrot essen und dann nach Hause gehen.

Vom Schottentor zum Neuen Markt 4

Da es am nächsten Tag regnet, besucht ihr zuerst das Schottenmuseum. Von den 24 Tafeln des Schottenaltars haben sich 21 erhalten, die meisten davon befinden sich hier. Auf der Tafel »Flucht nach Ägypten« siehst du im Hintergrund, wie Wien um 1470 aussah. Auf einer anderen Tafel ist die Kärntner Straße abgebildet.

Die »Flucht nach Ägypten«, älteste Darstellung Wiens auf dem Schottenaltar

Ihr geht nun durch die Höfe des Schottenstifts, das der Architekt Joseph Kornhäusel zu Beginn des 19. Jahrhunderts umgestaltete. Dabei wurde der mittelalterliche Kreuzgang zerstört. Im kleinen Garten siehst du einen Brunnen mit der Statue Herzog Heinrichs II. Jasomirgott.

Ihr kommt in der Schottengasse heraus, die ihr überquert. Bei Nummer 3a geht ihr zur Mölkerstiege weiter.

Der Mölker Steig und die Mölker Bastei

Joey erklärt, dass hier einmal der Stadtwall verlief.

»Im 17. Jahrhundert durften die Männer der Stadtguardia [Vorläufer der Polizei], die sehr schlecht besoldet waren, oben in kleinen Häusern wohnen und dort Wein ausschenken, um ihr Gehalt aufzubessern. Da ging es ziemlich laut und zügellos zu – das war ein verrufenes Viertel, wie du dir vorstellen kannst.

Die Mölker Bastei mit dem »Dreimäderlhaus«, das nichts mit Schubert zu tun hat

Die Garde wurde 1741 aufgelöst, die Häuser verkauft. Als der Melkerhof (er gehört dem Stift

Melk in der Wachau) umgebaut wurde, entstand daneben der Aufgang Mölkerstiege, die hinauf zu einer Straße, dem Mölker Steig, führt.«

Ihr steigt die Stiege hoch, oben in der Straße liegt noch das alte Pflaster, wie es im 19. Jahrhundert üblich war. Von den alten Häusern hat sich aber nur wenig erhalten. Trotzdem bietet die Straße einen malerischen Anblick, weswegen sie oft als Filmkulisse dient. Joey erzählt:

»Im Vorgängerbau des Hauses Mölker Steig 5 / Mölker Bastei 12 lebte um 1800 Feldmarschall Fürst Charles Joseph de Ligne (1735–1814), ein geistvoller und in Wien sehr beliebter Mann, der eine Vorliebe für die Farbe Rosa hatte. Sogar sein Haus war so gestrichen. Man nannte ihn den »rosaroten Prinzen«.

Er starb, als sich die Prominenz Europas zum Wiener Kongress versammelt hatte. Sein Begräbnis geriet zu einem der festlichen Höhepunkte der Tagung. Er fand sein Grab auf dem Kahlenberger Friedhof.«

Das Pasqualatihaus

Dann zeigt dir Joey das Haus Mölker Bastei Nummer 8. Es gehörte um 1800 dem Baron Pasqualati.

»Komm, wir gehen in den 4. Stock hinauf!«

Etwas außer Atem kommt ihr oben an und betretet eine Wohnung.

»Pasqualati hat sie seinem Freund Ludwig van Beethoven zwischen 1804 und 1814 mehrmals zur Verfügung gestellt.«

Du gehst über den knarrenden Holzfußboden, betrachtest einige Gegenstände aus Beethovens Besitz und siehst zum Fenster hinaus.

»Welch schöne Aussicht man von hier aus auf die Ringstraße und die Universität hat!«, meinst du.

Joey erwidert: »Zu Beethovens Zeit war der Ausblick noch viel schöner, denn vor den Basteien gab es damals noch eine weite, nicht verbaute Fläche, das Glacis. Beethoven genoss die Aussicht bei seiner Arbeit sehr. Hier komponierte er große Teile seiner Oper ›Fidelio‹, aber auch das Klavierstück ›Albumblatt für Elise‹, das jeder Klavierschüler kennt.«

Im selben Haus befindet sich das Adalbert-Stifter-Museum.

Das Dreimäderlhaus

Danach führt dich Joey zum Haus Mölker Steig Nummer 1 / Schreyvogelgasse 10 mit seiner hübschen Fassade, erbaut um 1803.

Hier lebte einst der Glasermeister Franz Tschöll mit seinen drei schönen Töchtern, bei denen Franz Schubert angeblich aus und ein ging. Eine romantische und fast allen Wienern bekannte Geschichte – doch leider ist sie eine reine Erfindung eines Romanautors, die durch die Operette »Das Dreimäderlhaus« bekannt wurde.

Sehr hübsch ist das Gasthaus »Zum Holunderstrauch« (Schreyvogelgasse 3) mit seiner alten Weinpresse und dem gemütlichen Kellergewölbe.

Das Liebenberg-Denkmal

Joey führt dich nun hinunter zu dem kleinen Platz am Fuß der Mauer und zeigt dir das 1890 enthüllte Denkmal des Bürgermeisters Johann Andreas von Liebenberg (1627–1683), der sich sowohl 1679 bei der Pestepidemie als auch 1683 bei der Verteidigung der Stadt gegen die Osmanen große Verdienste erwarb. Du kannst auf dem neun Meter hohen Obelisken, der von einer Viktoria (Siegesgöttin) bekrönt ist, sein Porträt sehen.

Ihr geht nun durch die Schreyvogelgasse am Melkerhof vorbei zur Teinfaltstraße und zurück zur Freyung, wo ihr in die Herrengasse einbiegt.

Die Herrengasse

Die Herrengasse folgt dem Verlauf der alten Hochstraße, die schon zur Römerzeit angelegt wurde. Da sie zur Hofburg führt, entstanden an ihr etliche Stadtpaläste, die Mitgliedern des Herrenstandes gehörten.

Die alten Familien haben sich inzwischen schon längst davon getrennt, die neuen Eigentümer aber haben für die Renovierung gesorgt: Neuer Glanz in alten Palais erwartet die Besucher. Joey stellt dir die schönsten Gebäude vor.

Das Palais Daun-Kinsky

Zuerst führt dich Joey zum barocken Palais Daun-Kinsky (Freyung Nummer 4), das heute dem Gründer der BILLA-Handelskette Karl Wlaschek gehört.

»Der Architekt war Johann Lucas von Hildebrandt, der auch das Belvedere erbaute. Ist die Fassade nicht besonders schön? Komm, wir wollen einen kurzen Blick hinein machen.«

Joey geht mit dir in die Einfahrt hinein, vorbei an den wie neu glänzenden Statuen, und links in das prachtvolle Treppenhaus.

»Schau ganz hinauf bis zur Gewölbedecke: Der Balkon dort oben sieht aus wie ein Bilderrahmen, durch den du das Fresko sehen kannst. Es stellt die Apotheose [Verherrlichung] des Feldmarschalls Graf Wirich Daun dar. Über die

Palais Daun-Kinsky, Innenhof

Treppe kommt man zu den prachtvollen Festräumen, wo Kunstauktionen und andere Veranstaltungen stattfinden.«

Dann führt dich Joey in den zweiten Hof zu einem modernen Grabmal.

»Hier sind die Eltern und eine frühere Ehefrau des Besitzers begraben, die im Jahre 2003 verstarb. Ihre Beisetzung war nur deshalb erlaubt, weil das Grundstück mehr als 2000 Quadratmeter groß ist.«

Das Palais Porcia

Gleich daneben auf Herrengasse Nummer 23 steht das Palais Porcia aus dem 16. Jahrhundert, erbaut im Stil der Renaissance. Joey erzählt:

»Es gehörte einst einem Vertrauten Kaiser Ferdinands I., dem Grafen Gabriel von Salamanca-Ortenburg, der als spanischer Grande [›großer Herr‹, daher kommt das Wort ›grantig‹] in Wien nicht sehr beliebt war.

Das Habsburgerwappen über dem Portal zeigt, dass das Gebäude bald in Staatsbesitz kam. Jetzt sind hier die Bibliothek des Bundes und eine Abteilung des Bundeskanzleramts untergebracht.

Schade, dass wir heute nicht hineingehen können, der Hof ist hübsch und der kleine Kunstraum im Erdgeschoss sehenswert.«

Das Palais Harrach

Nun führt dich Joey in das gegenüber liegende Palais Harrach, dessen Haupteingang sich aber auf der Freyung befindet.

»Das Palais ist nicht sehr alt, es wurde im römischen Barockstil nach der Zweiten Türkenbelagerung auf den Ruinen eines älteren Palais erbaut, das ebenfalls den Grafen Harrach gehörte.

Der berühmte Feldherr des Dreißigjährigen Krieges Albrecht Wenzel Eusebius von Waldstein [1583–1634], Herzog von Friedland, den du besser unter dem Namen Wallenstein kennst, war mit einer Gräfin Harrach verheiratet. Er hat sich mehrmals hier aufgehalten. Willst du die Geschichte hören?«

Natürlich, also erzählt Joey von Wallenstein in Wien:

»Im Jahre 1623 litt Wallensteins Heer großen Mangel, Lagerkrankheiten griffen um sich. Auch der Feldherr erkrankte schwer.

Er ließ sich nach Wien zu seinen Verwandten bringen, die schon an seinen bevorstehenden Tod glaubten. Da ließ sich ein Kroate beim Herzog melden, der ihn sofort erkannte, da er sich jedes Gesicht zu merken pflegte: Diesem Mann hatte er einmal das Leben geschenkt, als dieser betrunken mit einer Pistole auf ihn gefeuert hatte.

›Nun, Euer Exzellenz, werde ich dafür euer Leben retten!‹, versprach der Soldat.

›So beeile dich damit, denn sonst geht es mit mir zu Ende!‹, erwiderte der Herzog.

Der Soldat ließ sich in die Küche bringen, wo er einen geheimnisvollen Zaubertrank braute, den er von seiner Roma-Großmutter her kannte. Und wirklich – kaum hatte Wallenstein das Gebräu getrunken, kehrten seine Lebensgeister zurück, und bald darauf war er völlig gesund.«

Dann zeigt dir Joey den Innenhof, in dem während der warmen Jahreszeit die Tische des Restaurants Martinelli stehen. Der Hof mit seinem Brunnen erinnert ein wenig an den Hauptplatz eines italienischen Dorfes.

Das Palais Ferstel

Du kannst das im neugotischen Stil errichtete Gebäude ebenfalls von der Herrengasse aus betreten, seine Adresse lautet Strauchgasse Nummer 4, es erstreckt sich bis zur Freyung.

Der Donaunixenbrunnen
im Palais Ferstel

Benannt ist es nicht nach einer adeligen Familie, sondern nach seinem Architekten Heinrich Ferstel. Es sollte der Nationalbank, der Börse, einem Kaffeehaus und einem Basar Platz bieten. Die Einkaufspassage ist die älteste in Europa.

Gleich hinter dem Eingang steht der Donaunixenbrunnen von Anton Fernkorn, der auch die Reiterdenkmäler auf dem Heldenplatz schuf. Das Donauweibchen trägt langes, wallendes Haar. Es hält einen Fisch in der Hand und ist umgeben von drei Figuren: Kaufmann, Fischer und Schiffsbauer.

Rechts geht es hinein zum Arkadenhof mit seiner Feststiege, die zum alten Börsensaal hinaufführt. In der Mitte trägt sie eine Art Kanzel, die wie geschaffen ist für Dichterlesungen oder Vorträge. Der Hof gehört zum berühmten Café Central, das um 1900 bedeutenden Wiener Literaten, Schauspielern, Ärzten und Politikern als Treffpunkt diente.

Die älteste Einkaufspassage Europas im Palais Ferstel

Das Gebäude ist außen an der Ecke Strauchgasse/Herrengasse mit zwölf Figuren geschmückt, sie stellen die Völker der Monarchie dar.

Das Landhaus

Gegenüber auf Herrengasse Nummer 13 steht das Landhaus (Palais Niederösterreich, heute ein Veranstaltungszentrum), das in einigen Teilen auf das 16. Jahrhundert zurückgeht und daher noch Bauteile aus der Gotik (Kapelle, Sakristei, gotisches Zimmer im 1. Stock) und Renaissance (großer Saal, Landhausbrunnen) umschließt. Bis zum Umbau des Jahres 1838 befand sich der Haupteingang auf dem Minoritenplatz.

Joey sagt bedauernd: »Leider können wir nicht hineingehen, hier gäbe es viel zu sehen!«

Ihr habt jedoch Glück! Das Tor geht soeben auf, und nach einer freundlichen Bitte beim Portier dürft ihr wenigstens den Hof betreten.

Joey erklärt dir, dass das Landhaus ab dem 16. Jahrhundert die Ständeversammlung (Landtag) beherbergte. Es gab vier Stände: die Herren, die Ritter, die Prälaten und die landesfürstlichen Städte und Märkte. Der Bauernstand, zu dem die Mehrheit der Bevölkerung gehörte, war nicht vertreten.

Erst ab 1918 wurden die Abgeordneten demokratisch gewählt. Sie tagten hier bis zum Jahre 1997 (heute in St. Pölten).

Nun erzählt dir Joey von der Reformationszeit:

»Viele Standesherren waren damals evangelisch. Im Landhaus gab es sogar eine Druckerei und einen Buchladen für evangelische Bücher. Auf dem Minoritenplatz richteten die Protestanten in einem Gebäude, an dessen Stelle jetzt das Palais Liechtenstein steht, eine evangelische Schule ein.

Zwischen den Religionsparteien gab es ständig Streitigkeiten. Blutige Zusammenstöße gehörten im Landhaus offenbar zur Tagesordnung. Maximilian II. bemühte sich vergeblich um Ordnung.«

Joey zeigt dir neben dem Renaissance-Portal zwei mit dem
aufrecht gehaltenen Gerichtsschwert versehene Freizei-
chen, die der Kaiser zur Warnung anbringen ließ. Du ent-
zifferst mühsam die Inschrift
aus dem Jahre 1571:

*Der Römische Kayserlichen Majestät unsers allergnä-
digsten Landesfürsten Ernstliche Warnung und Befelch
ist, daß sich Nimand Wer der auch sein mag unterstehe,
in oder vor diesem befreyten Landhauß die Wöhr zu
blößen oder Balgen und zueschlagen noch zu romorn.
Welcher aber freventlich dawider handeln, daß dieselben
Verbrechen an Leib und Leben nach ungnaden gestrafft
werden sollen. Actum im 1571 Jahr.*

Blick in den Innenhof des Landhauses

Natürlich gab es im Landhaus auch Kerker. Sie waren für die Gefangenen bestimmt, die Mitglieder der Landstände waren. Graf Nádasdy, von dem du im alten Rathaus schon gehört hast, wartete hier auf seine Hinrichtung.

Joey geht mit dir jetzt zurück zur Landhausgasse und weiter zum Minoritenplatz.

Die Minoritenkirche

Auf dem Weg erzählt Joey:

»Als italienische Franziskanermönche, die Minoriten, im 13. Jahrhundert nach Wien gerufen wurden, musste für den Bau ihres Klosters zuerst der Ottakringer Bach umgeleitet werden. Der Platz lag damals noch außerhalb der Stadtmauern. 1276 legte der Böhmenkönig Ottokar II. Přemysl als Herzog von Österreich den Grundstein zum Bau der Kirche.

Übrigens brachte man ihn nach seinem Tode hierher, damit sich alle überzeugen konnten, dass er wirklich tot war. Der einbalsamierte Leichnam ruhte 30 Wochen lang im Kapitelsaal des Klosters, bis er nach Böhmen überführt wurde.

Im 14. Jahrhundert wurde die Kirche umgebaut und mit dem Ludwigschor versehen, der inzwischen verschwunden ist.«

Joey zeigt dir die Steine hinter der Kirche, die die Umrisse des Ludwigschors markieren.

Während der Türkenbelagerungen wurde die Kirche stark beschossen, der Turm verlor sein hohes Spitzdach und ist bis heute nur von einem kleinen Ziegeldach bedeckt.

Joey führt dich zum Eingang, dort fällt dir auf, dass zwei der Portale beschädigt sind.

»Haben das auch die Türken gemacht?«, willst du wissen.

»Nein«, sagt Joey, »das waren Schüler der evangelischen Schule, die eines Abends zu viel getrunken hatten. Einige Zeit lang wurden in der Kirche sogar lutherische Gottesdienste abgehalten.«

»Wieso nennt man sie die italienische Kirche?«, willst du wissen, und Joey erklärt es dir kurz:

»Die in Wien lebenden Italiener gründeten um 1625/26 eine italienische Kongregation (Vereinigung). Diese bekam die Kirche zugewiesen,

Im neugotischen Arkadengang an der Minoritenkirche wurden Reste alter Grabsteine angebracht

nachdem Joseph II. das Kloster aufgelöst hatte, und baute sie um.

Der Friedhof wurde ebenfalls aufgelassen. Erst beim Bau der U-Bahn entdeckte man ihn wieder und konnte viele Skelette bergen.

Während der Franzosenkriege diente die Kirche als Lagerhalle. Die Franzosen machten sie zum Proviantmagazin und zerstörten die Fußböden.

Erst 1810 bekam die Kongregation das Gotteshaus zurück. Seit dem Jahre 1953 betreuen wieder Minoriten die italienische Gemeinde.«

Ihr geht nun in die Kirche hinein und zum linken Schiff. Staunend entdeckst du ein riesiges Bild. Joey wirft eine Münze in einen Lichtautomaten, Farben funkeln auf. »Das ist kein Gemälde, sondern ein Mosaikbild, zusammengesetzt aus vielen bunten Steinchen«, erklärt Joey zu deinem Erstaunen. »Es kam 1845 hierher.«

Die Minoritenkirche, die italienische Kirche Wiens

Du erinnerst dich, dieses Bild schon in einem Buch gesehen zu haben: »Ist das nicht das ›Abendmahl‹?«, willst du wissen.

»Ja, und zwar eine Kopie nach dem Fresko von Leonardo da Vinci in Mailand. Napoleon, der Kaiser der Franzosen, war ein großer Kunstfreund, er ließ aus allen eroberten Ländern Kunstwerke nach Paris schaffen. Das berühmte

Fresko konnte man natürlich nicht von der Wand ablösen, daher gab er diese Kopie, die ebenfalls für Paris bestimmt war, bei einem gewissen Giacomo Raffaelli in Auftrag. Sie wurde aber erst nach seinem Tod fertig, und der Künstler stand ohne Käufer da. Kaiser Franz I. erbarmte sich und kaufte das Bild für das Wiener Belvedere. Da es dafür zu groß war, blieben seine Teile eingelagert, bis es sein Sohn, Kaiser Ferdinand, der italienischen Kongregation schenkte.«

Du willst die Maße wissen.

»Das Bild ist 9,18 Meter breit und 4,47 Meter hoch. Es wiegt etwa 20 Tonnen und besteht aus 12 Platten«, erklärt Joey.

Der Haarhof

Es fällt dir fast schwer, dich von dem wundervollen Mosaik zu trennen. Doch weiter! Zurück durch die Leopold-Figl-

Gasse kommt ihr wieder in die Herrengasse, ihr geht von dort durch die Fahnengasse an der U3-Station vorbei in die Wallnerstraße.

Joey bleibt kurz stehen und zeigt dir das Palais Esterházy.

»Auch dieses Palais hat längst den Eigentümer gewechselt und gehört nicht mehr den Esterházy. Seinerzeit stand der berühmte Komponist Joseph Haydn im Dienst dieser Familie und hielt sich oft hier auf. Er liebte es, im Keller des Palais ein gutes Glas Wein zu trinken. Dort können auch wir uns stärken, es muss ja nicht unbedingt mit Wein sein!«

Joey lacht. Ihr geht in den Haarhof. Dir fällt auf, dass die Straße hier eine Senke bildet.

»Hier war einmal der Stadtgraben, und zwar schon zur Römerzeit«, sagt Joey. »Deshalb geht es vor uns wieder bergauf zur Naglergasse, die dem Lauf der römischen und mittelalterlichen Stadtmauer folgt.«

»Wann sind der Graben und die Mauern verschwunden?«, willst du wissen.

»Unter dem Babenberger Herzog Leopold V., dem Tugendhaften, dem Sohn und Nachfolger Heinrichs II. Jasomirgott. Er kam zufällig zu einer großen Summe Geldes und konnte damit die Erweiterung der Stadt finanzieren. Er ließ den Stadtgraben auffüllen, sodass die Plätze Graben und Haarhof entstanden. Rund um einen Großteil des heutigen 1. Bezirks ließ er die neue Stadtmauer bauen. Möchtest du wissen, wie er zu so viel Geld kam?«

Ihr setzt euch im Gastgarten des Esterházy-Kellers hin und bestellt einen kleinen Imbiss. Dann erzählt Joey dir eine Geschichte:

»Herzog Leopold V. war ins Morgenland gezogen, um Jerusalem zu befreien. Der englische König Richard Löwenherz befand sich ebenfalls unter den Kreuzfahrern, genau wie König Philipp II. von Frankreich. Die Fürsten hatten wenig Grund, einander zu lieben, es ging um Politik, die Aufteilung der Kriegsbeute und wohl auch um die Ehre.

Die Sage will es, dass Leopold und Richard einander vor Akkon im Jahre 1191 in die Haare gerieten, als es darum ging, die Fahne auf den Turm der Festung zu pflanzen. Leopold trat bald den Heimweg an, Richard hingegen brach erst später zu Schiff auf. Nun ging die Jagd auf ihn los, er galt als Feind des Reiches und als Feind König Philipps. Der ließ alle seine Häfen sperren, weshalb Richard dort nicht landen konnte. So beschloss er, über Istrien nach Kärnten und von dort weiter über Österreich zu seinen Verwandten nach Bayern zu ziehen. Von Leopold konnte er sich zumindest eine bessere Behandlung erwarten als von seinen anderen Feinden, falls er in seine Hände fallen sollte. Sein Weg führte also zwangsläufig, schon wegen des einbrechenden Winters, über Wien.

Richard und seine Ritter verkleideten sich, so die Sage, als arme Pilger und benahmen sich sehr bescheiden, sodass sie unterwegs nicht auffielen. Es ist jedoch überliefert, dass sie in Bruck an der Mur sehr dreist auftraten. Herzog Leopold schickte Kundschafter aus, um den König zu finden, und zwar, wie er behauptete, zu dessen Schutz.

Tatsächlich wurde Richard im Dezember 1192 in Wien/Erdberg (in einem Gasthaus Ecke Erdbergstraße 41/Schwalbengasse 17) entdeckt. Er verlangte, zum Herzog gebracht zu werden. Dieser empfing ihn in seiner Residenz auf dem Platz Am Hof, nur ein paar Schritte von hier, und nahm ihn in ritterliche Haft.

Der Papst tobte, exkommunizierte den Herzog und das ganze Land, denn alle Kreuzfahrer standen unter seinem Schutz. Der Herzog ließ sich davon nicht beeindrucken, sondern benachrichtigte seinen Verwandten, Kaiser Heinrich VI. Man beschloss, den König erst gegen etliche Versprechen und gegen hohes Lösegeld wieder freizugeben. Er wurde dem Kaiser 1193 in Speyer übergeben und kam auf die Burg Trifels, bis er aus Angst vor einer Auslieferung an den französischen König mit allem einverstanden war. Anfang 1194 wurde er freigelassen.

Leopold soll mindestens 11,7 Tonnen Silber erhalten haben, was heute einer Kaufkraft von 1,5 Milliarden Euro entspräche.«

Du staunst, und Joey lacht:

»Siehst du, wir haben es den Engländern zu verdanken, dass Wien eine große und schöne Stadt wurde. Und nicht nur Wien spürte den Geldregen, sondern das ganze Land. Bis das Lösegeld da war, gab es in Wien übrigens eine ganze Menge Engländer – als Geiseln. Es ist aber nicht wahr, dass sie bei den Bauarbeiten schuften mussten.«

Das Peilertor

Nun geht es hinauf zur Naglergasse, gleich neben dem Platz Am Hof, und nach rechts zum Graben.

»Ich würde gerne noch mehr über das römische Wien hören«, meinst du.

Joey aber sagt: »Weißt du was, wir treffen uns einmal zu einem eigenen Spaziergang durch ganz Vindobona, damit alles zusammenpasst. Lassen wir die Römerzeit jetzt aus, okay?«

Im Peilertor steckte ein römisches Stadttor, es wurde erst 1732 abgerissen

Joey führt dich dorthin, wo die Tuchlauben beim Graben endet, und sagt:

»Das Haupttor des Lagers hat sich in umgebauter Form jedenfalls bis 1732 erhalten. Es galt als Ausgangspunkt der Straße nach Bayern, weshalb man es Peurertor, Baylertor oder Peilertor nannte. Seit Herzog Leopold V. hatte es seine Aufgabe als Stadttor verloren, dafür diente es lange Zeit als Kerker.«

Du würdest jetzt noch gerne eine Geschichte über das Tor hören. Joey denkt eine Weile nach, dann verzieht sich die Stirn zu lustigen Falten:

Das Märchen von Cäcilie Krapf

»In Wien wird gern erzählt, dass beim Peilertor einst eine gewisse Cäcilie Krapf eine Bäckerei betrieb.

Wann das war? – Ich habe gehört, es war im 16. Jahrhundert. Andere behaupten wieder, es wäre im 17. Jahrhundert gewesen. Jedenfalls war es sicher zu einer Zeit, als das Peilertor noch stand.

Als Cäcilie einmal Germteig [Hefeteig] ausrollte, fiel ihr ein Stück davon in heißes Schmalz und wurde zu einem leckeren Stück Backwerk, das sie Krapfen nannte. Durch diese Erfindung wurde sie so reich, dass sie sich einen ganzen Wald kaufen konnte, der nach ihr Krapfenwald heißt.«

»Dort, wo das Krapfenwaldbad ist?«, fragst du.

»Genau«, sagt Joey und setzt fort:

»Allerdings war es der Geheime Kriegsrat Franz Joseph Krapf, der sich dort 1751 ein Waldhaus bauen ließ und dem Wald den Namen gab. Nun ja, vielleicht war das ein Sohn von Frau Cäcilie, könnte sein.«

»Und Krapfen hat es vorher nicht gegeben?«, willst du wissen.

»Doch, die gab es schon vor 1000 Jahren, und in Wien gab es im 15. Jahrhundert schon Krapfenpacherinnen.«

Schade, denn die Geschichte von Frau Krapf hat dir gefallen. Joey sagt:

»An dem Märchen ist aber doch etwas Wahres dran: Eine Cäcilie Krapf, genannt Cilli, erfand für einen Hofball im Jahre 1815 die ›Cillikugeln‹, das waren runde, mit Früchten gefüllte Teigkugeln, die in heißem Schmalz herausgebacken wurden. Sie waren ein toller Erfolg und machten sie reich.

Das Peilertor stand zu der Zeit aber schon längst nicht mehr.«

An diesem Beispiel kannst du sehr gut sehen, wie sich in Sagen und Märchen Dichtung und Wahrheit vermischen.

Der Graben

Als der Graben mit dem Abbruchmaterial der alten Stadtmauer aufgeschüttet war, wurde er rasch statt dem Hohen Markt zum Hauptplatz von Wien.

Vornehm war er anfänglich nicht, er diente als Marktplatz und oft als Hinrichtungsstätte. In seiner Mitte entsprang die Möring, ein stinkender Bach, in welchen die Wiener ihren Mist zu werfen pflegten. Um 1400 waren die kleinen Häuser an seinen beiden Seiten noch meist aus Holz, nur ein einziges Gebäude war groß und aus Stein gebaut: der Freisingerhof.

Der Platz war früher kleiner als heute. Auf seinem Areal standen an jedem Ende noch weitere Häuser, bei der Naglergasse im Paternostergässchen, auf der Domseite in der Grabengasse und im Schlossergässchen, wo Schlosser und Schmiede ihrem Handwerk nachgingen. Der Stock-

im-Eisen-Platz war deutlich
vom Graben getrennt.

Seine heutige Form bekam der Graben erst im 19. Jahrhundert, nachdem alle diese kleinen Häuser abgerissen
worden waren. An seinen beiden Längsseiten entstanden schönere und größere Häuser, die ihrerseits wieder
größeren weichen mussten. In diesen fanden elegante
Geschäfte, Apotheken und Kaffeehäuser Platz. Im Laufe
der Zeit entwickelte sich der Graben so zu einem vornehmen Platz, der Raum genug für große Festlichkeiten
bot.

»In alten Zeiten fuhren die vornehmen Herrschaften im
Winter mit Schlitten auf dem Graben und auf dem Neuen
Markt herum, sogar der Teufel hat sich einmal dabei sehen
lassen«, erzählt Joey.

Das möchtest du natürlich genauer wissen, und du
bittest Joey, dir davon zu erzählen.

»Die Schlittenfahrten waren so beliebt, dass Tag und Nacht keine Ruhe war, obwohl die Straßen noch gar nicht beleuchtet waren. Am 26. Jänner 1667 erging daher das Verbot, nach zehn Uhr abends noch unterwegs zu sein.

Da sich aber niemand daran hielt, fuhr der höllische Feind selbst in leiblicher Gestalt von elf bis zwölf Uhr nachts auf einem Schlitten herum und führte eine Dame mit sich, die auf das Schönste zu ihm passte. Auf dem Kopfe trug sie als Schmuck einen Reifen, der rot glühte und mit goldenen Läusen und Flöhen besetzt war. Ihr Kopf war nicht mit Haaren, Bändern oder Federn geschmückt, sondern Nattern, Schlangen und Eidechsen krochen auf ihm herum. An ihrem Oberkörper nagten zwei große Schlangen und auf ihrer Brust saß eine große Kröte. Der Teufel selber hatte einen Schweinskopf und spie so viel Feuer aus, als hätte er zwölf Windlichter im Leibe. Er machte mit seinen Schellen ein solches Getöse, dass man glaubte, es kämen hundert Schlitten daher gefahren.

Der Wächter auf dem Graben fragte ihn, wieso er das nächtliche Fahrverbot missachte. Da blies ihm der Teufel seinen stinkenden, heißen Atem ins Gesicht. Der Mann erkrankte davon schwer und war binnen zwölf Stunden eine Leiche.«

Joey fügt hinzu: »Mit dem Leibhaftigen soll man sich also besser nicht anlegen, wenn er sich in Wien sehen lässt, und das tat er in vergangenen Zeiten oft genug.«

Du aber glaubst ihm die Geschichte nicht und denkst, dass da sicher ein paar übermütige und betrunkene Maskierte mit großem Lärm unterwegs waren und dem Wächter so übel mitspielten, dass er an den Folgen starb.

Ihr geht nun über den Graben, dabei seht ihr auf der linken Seite zur Peterskirche.

Die Peterskirche

Die erste Peterskirche, von der heute keine sichtbaren Reste mehr vorhanden sind, geht ins 4. Jahrhundert zurück. Sie war die erste katholische Kirche von Vindobona, eingebaut in ein Kasernengebäude. Der Legende nach soll sie aber erst von Kaiser Karl dem Großen gegründet worden sein.

Mehrmals erweitert und umgebaut, wurde sie im Spätmittelalter gotisiert. Sie war von einem Friedhof und von Krämerläden umgeben, in einem Anbau wurde die Stadtguardia untergebracht.

Im Jahre 1661 brannte die Kirche ab und wurde nur notdürftig so weit in Stand gesetzt, dass man darin Messen lesen konnte.

1701 entschloss man sich zu einem Neubau und riss sie ab.

Der Legende nach geht die Peterskirche auf eine Gründung Kaiser Karls des Großen zurück

Unter Mitwirkung von Lucas von Hildebrandt entstand sie neu als typische Barockkirche mit dem ältesten Kuppelbau von Wien.

»Joey«, sagst du verlegen und steigst von einem Fuß auf den anderen, »ich …«

»Ach so, du musst zur Toilette? Da zeige ich dir etwas ganz Besonderes!«

Die Jugendstil-Bedürfnisanstalt und der Josephsbrunnen

Joey geht mit dir zum nahe liegenden Josephsbrunnen, der mit einer Statue des heiligen Joseph geschmückt ist (weiter vorne, auf der anderen Seite der Pestsäule, steht als Gegenstück der Leopoldsbrunnen). Rechts und links davon siehst du zwei alte Gaslaternen, die der Entlüftung dienen. Zwei Treppen, je eine für Damen und Herren, führen hinunter zur ältesten unterirdischen öffentlichen Bedürfnisanstalt, die 1905 in Betrieb genommen wurde, als Touristenattraktion gilt und unter Denkmalschutz steht. Sie ist drei Meter hoch und hat einen Grundriss von 14,5 mal 7,7 Metern. Du siehst hier nur edles Material: Die Trennwände und Schiebetüren sind aus Eichenholz, die Klobrillen aus Teakholz gefertigt. Alle Beschläge wurden kunstvoll aus Messing geschmiedet, und nur geschliffene Glasscheiben wurden verwendet.

Bist du wieder zurück? Ihr geht nun weiter zur Pestsäule.

Die Pestsäule

»Schau, hier ist die Pest dargestellt. Ihre schreckliche Figur ist besiegt und wird in den Abgrund geworfen. Wir haben schon über die immer wiederkehrenden Pestepidemien gesprochen. Soll ich dir mehr über diese Plage erzählen?«

Danach wolltest du schon fragen, als Joey dir die Geschichte vom lieben Augustin erzählt hat. Du hörst aufmerksam zu.

Kaiser Leopold I. gelobte im Pestjahr 1679 die Errichtung der Pestsäule

»Bei den unhygienischen Zuständen, die früher in Wien herrschten, fielen viele Menschen verheerenden Seuchen zum Opfer. Die harmloseste war noch die Lepra, die durch Kreuzfahrer eingeschleppt wurde. Sie ist nicht sehr ansteckend. Viel schlimmer waren die Ruhr und der Typhus, die durch verdorbenes Brunnenwasser verbreitet wurden.

Die allerschlimmste aller Krankheiten aber war die Pest, welche die Stadt und ihr Umland immer wieder heimsuchte, erstmals im Jahre 1349. Die Menschen hielten sie für Gottes Strafe für ihre Sünden.«

Joey hat ein altes Buch, eine Chronik, mitgebracht und liest dir vor.

> *Da wurde das Sterben in allem Österreich gar groß, doch besonders zu Wien, also dass man alle Leut, arm und reich, musste legen in den Gottesacker zu St. Coloman. Und starben so viele Leut, an einem Tag zwölfhundert Leichen, die gelegt wurden in den Gottesacker; und waren daselbst sechs Gruben gegraben bis auf das Wasser, und man legte in die eine Grube vierzehntausend Leichen, ohne die, die heimlich begraben wurden in den Klöstern und in den anderen Kirchen.*

»Übrigens: Als im ausgehenden 19. Jahrhundert die Baugruben für die Oper, den Heinrichshof und die Häuser der Ringstraße gegen die Burg hin ausgehoben wurden, grub man viele Wagenladungen von Menschengebeinen aus, Überreste der Pestopfer, und brachte sie zu den neuen Friedhöfen.«

Dann liest Joey weiter:

*An welchen Leuten sich rothe Sprinkel [Flecken]
oder schwarze erhoben, die starben alle an dem
dritten Tag, und auch entsprangen den Leuten
Drüsen unter den Achseln, die starben nahe alle
an dem dritten Tag. Es war auch der Jammer so
groß, dass die Leute barfuß kirchfahrten gingen
und täten große Gebet. Das half Alles nichts.
Auch war manches Haus dort zu Wien, wo sieb-
zig Menschen aussturben und mehr, also dass
manches Haus öd stund, dass die Leute alle todt
daraus waren.*

»Stell dir vor, man hielt neben den Sünden auch das
Zusammentreffen der Planeten Saturn, Jupiter und Mars
im Zeichen des Wassermanns am 24. März 1345 für die
Ursache der Krankheit. Man wusste damals nicht, dass die
Pest durch ein Bakterium verursacht wird, das ›Yersinia
pestis‹ heißt. An der Ausbreitung der Seuche waren Ratten-
flöhe schuld, aber auch der direkte Kontakt mit Kranken.
Kleinere und größere Pestepidemien suchten die Stadt alle
paar Jahre wieder heim, so 1370, 1381, 1410/11, 1435,
1521, 1529, 1563, 1570, 1586 und 1588. Sie waren eine
ständige Bedrohung.

Besonders schlimm war das Jahr 1679, in dem in Wien
und seinen Vorstädten etwa 50.000 Menschen von der
Seuche dahingerafft wurden. Wieder suchten die Menschen ihr Heil bei Gott. Gebete und Messen sollten die
Krankheit bekämpfen.

Bei seiner Flucht aus der Stadt gelobte Kaiser Leopold I.
damals die Errichtung dieser Pestsäule, deshalb ist er auf
den Knien betend über der Pestfigur dargestellt.

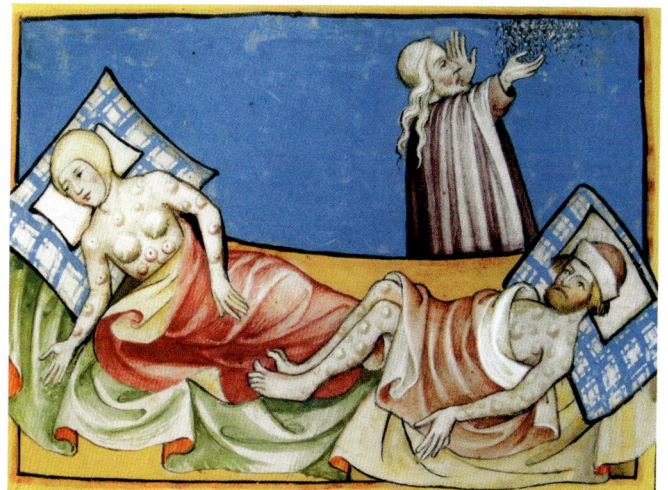

Schau, sein Unterkiefer steht weit vor. Man nannte ihn deshalb in Wien den ›Fotzenpoidl‹ [von ›Fotze‹, was in diesem Zusam-

menhang ›Schnauze‹ bedeutet; ›Poidl‹ ist wienerisch für ›Leopold‹]. Er ist hier noch hässlicher dargestellt, als er ohnehin war, denn er bezahlte den Bildhauer angeblich nicht ausreichend. Böse Zungen behaupteten, dass ihm bei Regen die Tropfen in den Mund liefen, weil er ihn nicht richtig schließen konnte.«

Ja, genau so sieht er aus! Joey setzt fort:

»Der Mediziner Paul Sorbait und der Stadtkomman-dant Starhemberg, ›Pestkönig‹ genannt, versuchten damals mit einer Handvoll Helfern ihr Bestes, um die Seuche einzudämmen. Die Ärzte und Chirurgen hatten jedoch außer Aderlass, Abführmitteln, Kräutern und dem Aufschneiden der Pestbeulen der Krankheit nichts entge-genzusetzen.

Man hob vor der Stadt riesige Pestgruben aus, vor allem beim Lazarett in der Siechenals [heute: Arne-Carlsson-Park] und bei St. Ulrich. Sogar die Henkersknechte und Sträflinge wurden zum Einsammeln der Toten eingesetzt. Der berühmte Prediger Abraham a Sancta Clara [eigentlich hieß er Ulrich Megerle] verkündete den Gläubigen die allgegenwärtige Nähe des Todes.«

Es findet sich nicht eine einzige Gasse noch Gasserl, welche des Todes Grimm nicht hätte ausgestanden. In der Herrengassen hat der Tod geherrscht. In der Singer-Straßen hat der Tod vielen ein Requiem gesungen. Auf dem Kohlmarkt hat der Tod nichts als schwarze Trauerkleider verursacht. Auf dem Graben tat der Tod nichts als eingraben. Auf der Freyung waren wenige befreit vor dem Tod.

»Und wann«, fragst du, »war die letzte Pestepidemie?«

»Im Jahre 1713, in dem 9565 Personen erkrankten, von denen 8644 starben. Dann war der Schrecken vorbei, dafür fürchteten sich die Menschen nun vor den Pocken.«

Die Pest wird vernichtet, Detail von der Pestsäule

114

Joey führt dich um die dreieckige Pestsäule herum:

»Sie ist eine Dreifaltigkeitssäule, aber auch ein Siegesdenkmal für Kaiser Leopold I., der Türken und Pest besiegte. Die Wappen an den drei Ecken entsprechen den Würden des Kaisers: Der Doppeladler steht für die Kaiserwürde und ist Gott Vater, das Königreich Ungarn Gott Sohn und das Königreich Böhmen dem Heiligen Geist zugeordnet.

Auch nach oben hin ist die Säule dreigeteilt: Der Sockel zeigt die Menschen, in der Mitte siehst du Engel als Vermittler zwischen den Menschen und Gott, und oben thront die Dreifaltigkeit.«

Für heute hast du genug gesehen und gehört. »Sehen wir uns morgen genau hier wieder?«

Vom Neuen Markt zum Franziskanerplatz 5

Joey geht mit dir vor bis zur Spiegelgasse, in die ihr einbiegt, und weiter durch die Plankengasse bis zum Neuen Markt.

Der Neue Markt

Als der Hohe Markt um 1200 für die vielen angebotenen Lebensmittel und anderen Waren zu klein geworden war, wurde der Neue Markt angelegt. Er war damals viel größer als heute. Man handelte hier vor allem mit Mehl und Getreide, weshalb er auch Mehlmarkt genannt wurde.

Die Mehlgrube

Joey zeigt auf das Hotel Ambassador:

»Hier stand einmal die Mehlgrube, sie war für die Getreidevorräte der Stadt bestimmt. An ihrer Stelle wurde um 1697 das prachtvolle Haus ›Zur Mehlgrube‹ erbaut, das im ersten Stock einen schönen Saal besaß. Da fanden die vornehmsten Bälle und besten Konzerte statt. Viele berühmte Musiker haben hier im Orchester in ihrer Jugend etwas Geld verdient, wie Joseph Haydn mit seiner Geige. Oder sie traten später als Berühmtheiten hier in Konzerten auf, wie Mozart und Beethoven. Und der Kapellmeister Joseph Lanner spielte den Gästen zum Tanz auf.

Weil zu den Bällen zuerst nur die vornehmsten Herrschaften, die natürlich viele adelige Ahnen aufwiesen, Zutritt hatten, nannte man diese Veranstaltungen ›Ahnenbälle‹. Doch mit der Zeit verlor das Lokal seinen guten Ruf und die vornehme Kundschaft, bis es schließlich zu Beginn des 19. Jahrhunderts zugesperrt werden musste.«

Die kaiserlichen Schlittenfahrten

Du schaust über den Platz und erinnerst dich, dass ihn Joey schon erwähnt hat, als er dir von den Schlittenfahrten erzählte.

»Da ging es immer lustig zu. Manchmal musste man den Schnee erst von auswärts herbringen und verteilen. Noch im 18. Jahrhundert und zur Zeit des Wiener Kongresses kam sogar die ganze Hofgesellschaft angefahren. Jede Dame saß dabei wie eine Perle in ihrem goldenen, muschelförmigen Schlitten, und ihr Kavalier stand hinter ihr und lenkte das Pferd. Die Pferdedecken waren über und über mit goldenen Glöckchen behängt, das Geläute hörte man ziemlich weit. Da liefen dann die Wiener in

Scharen zusammen, damit ihnen ja nichts entging.

Die kaiserlichen Schlittenfahrten auf dem Mehlmarkt (Neuer Markt)

So ein alter Schlitten steht übrigens noch in der Wagenburg in Schönbrunn.«

Die Kaisergruft

Nun zeigt Joey zur rotbraun getünchten Kapuzinerkirche:

»Oben auf dem Platz vergnügte sich die kaiserliche Familie, und unten lagen die kaiserlichen Toten in ihrer Gruft! Sie wurde 1633 feierlich eröffnet, mitten im Dreißigjährigen Krieg. Damals brachte man die Särge ihrer Stifter, Kaiser Matthias (✝ 1619) und seiner Frau Anna, vom Königinkloster in die Engelsgruft. Seither hat man die Gruft achtmal erweitert, und die meisten Habsburger sind hier begraben [du findest sie alle aufgezählt auf http://de.wikipedia.org/wiki/Kapuzinergruft], darunter zwölf Kaiser und 19 Kaiserinnen.

Auch die schöne Kaiserin Elisabeth (Sisi, ✝ 1898) und ihr unglücklicher Sohn Kronprinz Rudolf (✝ 1889) ruhen in der Kaisergruft. Zuletzt wurden hier am 16. Juli 2011 Otto Habsburg-Lothringen und seine Gemahlin beigesetzt.

Du solltest einmal hinuntersteigen. Aber fass dort nur nichts an, denn es handelt sich immerhin um Särge! Sie sehen recht unterschiedlich aus und sind aus Messing, Bronze, Blei oder Zinn gemacht. Einige sind sehr einfach, andere reich geschmückt.

Am prächtigsten ist der Doppelsarkophag von Maria Theresia (✝ 1780) und ihrem Gatten Franz Stephan von Lothringen (✝ 1765), den sie zu ihren Lebzeiten noch anfertigen ließ. Sie liegt, gekleidet in ein tief ausgeschnittenes Ballkleid, mit ihrem Kaiser dort oben und blickt ihm für alle Ewigkeit voller Liebe tief in die Augen.«

Drei Personen, die nicht zur Familie Habsburg gehören, sind ebenfalls in der Gruft beigesetzt, und bis 1940 stand hier der Sarg des Herzogs von Reichstadt, Napoleon Franz

Besuch der kaiserlichen Familie in der Gruft

Kaisergruft: Der Doppel-sarkophag Maria Theresias und ihres Gatten

Bonaparte. Er war der einzige Sohn Kaiser Napoleons. Auf Hitlers Befehl wurde er 1940 nach Paris gebracht. Nur sein Herz blieb in der Herzgruft in der Augustinerkirche zurück.

Das Bäckerschupfen

Ihr geht nun ein wenig auf dem Platz herum und Joey erinnert sich an alte Zeiten:

»In der Mitte des Platzes gab es lange Zeit einen Pranger, an den diejenigen Marktleute gestellt wurden, die ihre Kunden betrogen.

Wenn sich gar ein Bäcker nicht an das vorgeschriebene

Das Bäckerschupfen, Strafe für betrügerische Bäcker und Spaß für Zuschauer

Gewicht für seine Brote hielt, so setzte man ihn in einen Holzkäfig, der an einer langen Stange befestigt war. Dann tauchte man ihn unter dem Jubel der Zuschauer in einen Bottich voller Jauche.

Ich war dabei, als ein solcher Sünder im Jahre 1501 ums Leben kam. Es war ein Unfall, niemand hatte das gewollt. Also beschloss man, die betrügerischen Broterzeuger in Zukunft in fließendes Wasser zu tauchen: Man verlegte das beliebte Bäckerschupfen zum Roten Turm und später in die Rossau an die Donau, bis es Kaiser Joseph II. – sehr zum Missvergnügen der schaulustigen und schadenfreudigen Wiener – ganz verbot.

Willst du ein Gedicht dazu hören?«

> *Beging hier jemand nur den Streich,*
> *die Taxen zu verletzen,*
> *so zwang man ihn, sich allsogleich*
> *in diesen Korb zu setzen.*
> *Und zog ihn dann – bedenkt den Graus,*
> *stets in das Wasser ein und aus.*
> *Vier Zoll war das bestimmte Ziel*
> *für die zu leichten Lothe;*
> *nur fehlte manchmal schrecklich viel*
> *an Semmeln und am Brote,*
> *so dass man, was sehr oft geschah,*
> *nur bloß des Mannes Mütze sah.*

Der Donnerbrunnen

Ihr geht nun in die Mitte des Platzes zum Brunnen, der vom berühmten Bildhauer Georg Raphael Donner (1693–1741) im Auftrag der Stadt Wien geschaffen wurde. Man stellte ihn 1739 hier auf, als noch Kaiser Karl VI. regierte. Joey erzählt dir:

»Stell dir vor, seine Tochter und Nachfolgerin Maria Theresia hielt die fast nackten Figuren für unmoralisch und befahl, den Brunnen abzutragen. Um ein Haar wäre er eingeschmolzen worden, doch der Bildhauer Johann Martin Fischer rettete ihn vor der Vernichtung.

1801 wurde er wieder hier aufgestellt. Jede der ursprünglich aus Blei gegossenen Figuren war über zweieinhalb Tonnen schwer. Sie drohten in sich zusammenzufallen,

Der Donnerbrunnen am Neuen Markt, alte Ansicht

weshalb man Kopien von ihnen anfertigte und die Originale damit ersetzte. Die alten Bleifiguren aber wanderten ins Untere Belvedere, wo du sie noch sehen kannst.«

Dann führt dich Joey um den Brunnen herum:

»Die Statue der Providentia [Vorsehung] da oben ist 3,37 Meter hoch, sie hält einen Januskopf [nach diesem römischen Gott ist unser Monat Januar benannt] und blickt zur Kaisergruft. Der Sockel ist von Kinderfiguren [Putti] mit den Fischen Hecht, Karpfen, Wels und Lachs umgeben, aus denen das Wasser als Symbol für die Donau fließt. Die vier Figuren am Beckenrand stellen die Flüsse Enns, Ybbs, March und Traun dar: Die March ist die reife Frau, die mit ihrer Hand nach einer Muschel greift. Die Traun ist der junge Mann, der mit einem Dreizack auf einen Fisch im Wasser sticht, wobei er sich so über den Beckenrand beugt, dass sein nacktes Hinterteil genau auf ein Haus gegenüber weist. Man sagt, in dem Haus habe ein Feind des Bildhauers gewohnt.«

122

Joey lacht.

»Doch weiter! Die schöne, junge Flussnymphe Ybbs wendet sich den Menschen zu. Sie hält im rechten Arm ein Gefäß, aus dem Wasser in das Becken fließt. Die Enns schließlich ist der alte, bärtige Fährmann, mit einem Ruder über der Schulter. Er lässt das linke Bein über den Beckenrand hängen und schaut ins Wasser.«

Die Sesselträger

»Schade, dass es keine Sesselträger mehr gibt, die könnten uns jetzt weitertragen, denn es beginnt zu regnen!«, meint Joey.

»Ab 1703 bot der kaiserliche Kammerdiener Rauchmüller [im Haus Nummer 14] die Dienste von Sesselträgern an, was vor allem bei Schlechtwetter ein gutes Geschäft war. Wer sich keine private Sänfte leisten konnte, aber 24 Kreuzer in der Tasche hatte, konnte sich durch die ganze Innenstadt tragen lassen. Auch bei Übersiedlungen halfen die Träger. Es war ihnen aber verboten, Kranke ins Spital oder gar Tote zu befördern. Weitere Standplätze gab es am Michaelerplatz, in der Wallnerstraße, in der Wollzeile und an sechs anderen Orten.«

Kärntner Durchgang

Im Durchgang zur Kärntner Straße findest du die American Bar (Kärntner Durchgang 10), die 1908 von Adolf Loos gestaltet wurde. Sie ist weltberühmt: Prominenz aus aller Herren Länder besuchte und besucht sie gerne. Der Innenraum ist winzig klein (4,40 mal 6 Meter), aber hoch (4,10 Meter). Durch die Spiegel und die edle Ausstattung wirkt er viel größer, als er tatsächlich ist.

Weltberühmt: Die winzige American Bar von Adolf Loos

Die Kärntner Straße

Ein paar Schritte weiter kommst du zur Kärntner Straße, die schon von jeher eine Hauptverkehrsader nach Venedig und Triest war. Wie sie im Mittelalter ausgesehen hat, hast du schon auf einer der Tafeln des Schottenaltars gesehen.

Heute ist sie Fußgängerzone, überall stehen die Schanigärten der Kaffeehäuser und Restaurants, von wo aus man das bunte Treiben der Passanten und Straßenmusikanten betrachten kann. Von den alten Häusern sind nur mehr wenige übrig: Im Palais Esterházy (Nummer 41) ist seit 1969 das Wiener Spielcasino (Casino Cercle Wien) untergebracht. Die Malteserkirche sieht zwar von außen nicht sehr alt aus, innen aber findet man Gewölbe aus dem 15. Jahrhundert. An den Wänden hängen die Wappen der Malteser-Ritter. Der im 11. Jahrhundert gegründete Orden besteht noch heute und widmet sich den Alten und Kranken.

Ihr biegt nun in die Himmelpfortgasse ein und Joey erzählt dir, dass hier (Nummer 7 bis 11) einst ein Nonnenkloster stand, das 1783 von Joseph II. aufgelöst wurde.

»Eine junge Nonne wollte einst das Kloster verlassen, um die Welt zu sehen, was Klosterfrauen damals ja nicht gestattet war. Als sie an der Pforte Dienst machte, beschloss sie, sich heimlich fortzustehlen. Nach einem Gebet zur heiligen Maria legte sie den Torschlüssel bei deren Statue am Eingang nieder.

In der Steiermark fand sie einen jungen Schmied, mit dem sie eine Familie gründete und ein glückliches Leben führte. Doch als die Pest übers Land zog, starben alle außer ihr. Da beschloss sie, Maria für ihr vergangenes Glück zu danken und sie wegen ihrer Treulosigkeit um Verzeihung zu bitten. So machte sie sich auf den Weg nach Wien. Ganz erschöpft erreichte sie das Kloster und klopfte an die Pforte. Eine lichte Gestalt im Himmelsglanz öffnete ihr – es war Maria selbst.

Sie sprach: ›Komm unbesorgt herein, niemand hat deine Abwesenheit bemerkt, denn ich habe für dich das Tor gehütet. Ich habe dir längst verziehen, denn du warst immer gut und fromm.‹

Bevor die alte Frau starb, schilderte sie den Nonnen ihr Erlebnis mit der ›Himmelspförtnerin‹, deren Statue sich heute im Stephansdom befindet.«

Die Jungfrau Maria als Himmelspförtnerin

Die Rauhensteingasse

Nun führt dich Joey in die Rauhensteingasse und berichtet:

»Hierher kamen die Wiener früher nie ohne Schaudern, denn da war das Stadtgefängnis [Nummer 10], das Armensünderhaus. So mancher Wiener, ja selbst hochgestellte Persönlichkeiten wie Bürgermeister Lorenz Hayden lernten dessen Keller kennen, in dem die Untersuchungshäftlinge der ›peinlichen Frage‹ [Folter] unterzogen wurden. Schon beim Anblick der Folterwerkzeuge gestanden selbst Unschuldige jedes Verbrechen. Eine als Hexe verdächtigte Frau sprang aus Angst vor den Qualen sogar in den Brunnen. Doch manche Gefangene hielten allen drei Graden der Folter stand und retteten damit ihr Leben. Die Folter wurde erst 1776 abgeschafft.

Auch der Henker wohnte hier mitten in der Stadt, was andernorts nicht üblich war. Da er – genau wie seine Knechte, die Abdecker [Tierkörperverwerter] und sogar die fahrenden Spielleute – als unberührbar galt, mieden ihn die Menschen. Doch in der Nacht schlichen sich viele Leute heimlich her, denn nur der Henker verfügte über so merkwürdige Heilmittel wie Menschenfett oder Menschenzähne, von denen man sich bei schweren Krankheiten Wunder versprach.«

Mozarts unheimlicher Gast

Gleich daneben auf Nummer acht stand das »kleine Kaiserhaus«, wo sich Mozarts letzter Wohnsitz befand. Joey erzählt:

>»Als der Komponist bereits krank war, erschien ein unbekannter, ganz in Grau gekleideter Mann unangemeldet hier und gab ihm – nebst einer schönen Summe Goldes – den Auftrag, unter höchster Geheimhaltung ein Requiem zu schreiben. Seinen Namen nannte er nicht, er kam Mozart jedenfalls recht unheimlich vor.
>
>Mozart machte sich fieberhaft an die Arbeit, konnte das Werk aber nicht mehr vollenden. Noch in seinen letzten Stunden diktierte er seinem Schüler Franz Xaver Süßmayr die Noten.
>
>›Ich wusste ja‹, soll er gesagt haben, ›dass es mein eigenes Requiem sein wird.‹
>
>Der geheimnisvolle Auftraggeber war aber nicht Gevatter Tod, sondern Graf Franz von Waldeck, der das Requiem für seine verstorbene Gattin bestellt hatte. Er pflegte Werke berühmter Musiker zu kaufen und sie bei der Aufführung auf seinem steirischen Schloss als eigene Kompositionen auszugeben.«

Die Ballgasse

Biege nun rechts in die Ballgasse ein, benannt nach dem ehemaligen Ballhaus (Nummer 8), wo man im 16. Jahrhundert eine Art Federball spielte. Die Gasse ist sehr eng und windet sich zwischen den alten Häusern dahin. So musst du dir die alten Wiener Straßen vorstellen.

Im Jahre 1772 wurde hier der »bürgerlichen Tischler Herberg« eingerichtet, wie heute noch über dem Tor zu lesen steht. Die Handwerksgesellen wohnten damals nicht mehr im Haus ihrer Meister, sondern in den von den Innungen vorgeschriebenen Herbergen. Die strengen Hausordnungen gaben viel Anlass zu Unruhen, beispielsweise zur Schusterrevolte im Jahre 1721.

Die Blumenstockgasse zweigt von der Ballgasse ab, benannt nach dem beliebten Bierhaus »Zum alten Blumenstock« (Nummer 6). Im Biedermeier war es Treffpunkt für Künstler und Schriftsteller (Club Ludlamshöhle). Da es ständig überfüllt war, gründete der Besitzer gegenüber den »Neuen Blumentopf« als zweiten Standort.

Der Franziskanerplatz und das Franziskanerkloster

Durch einen Bogen führt der Weg weiter zu einem der schönsten Plätze Wiens, dem Franziskanerplatz, in dessen

Der Franziskanerplatz mit dem Mosesbrunnen

Mitte seit 1798 der Mosesbrunnen von Johann Martin Fischer, dem Erretter des Donnerbrunnens, steht.

Ab dem 14. Jahrhundert gab es hier ein Büßerinnenkloster. Das war eine Art Besserungsanstalt für Frauen, die ein sündiges Leben geführt, aber Besserung gelobt hatten. Bewährten sie sich, so galten sie als heiratsfähig. Der Herrscher selbst gab ihnen eine gute Mitgift, weshalb sie als Ehefrauen recht gefragt waren. Wurde eine von ihnen aber rückfällig, so wurde sie kurzerhand in der Donau ersäuft.

Zur Reformationszeit ging es mit den Sitten der Büßerinnen bergab: Die Oberin Juliane Kleeberger heiratete den Ordensgeistlichen, das Paar verbrauchte das ganze Klostervermögen. Nachdem der Mann geflohen war, blieb Juliane zurück und starb im Jahre 1533. Vor dem Eingang zur Sakristei kann man noch ihren Grabstein sehen.

Die Gebäude wurden einige Zeit danach, im Jahre 1589, den Franziskanern übergeben und im Renaissancestil umgebaut, wobei einige gotische Spuren erhalten blieben. Die Kirche wurde 1607, das Kloster erst 1630 vollendet. In diesem Kloster gibt es noch heute eine Armenküche, am Ende des Kreuzganges wird Klostersuppe ausgegeben.

Maria mit der Axt

In der Kirche zeigt dir Joey den Hochaltar:

»Siehst du die Marienstatue dort oben? Sie wurde in Böhmen im 15. Jahrhundert aus Lindenholz geschnitzt und befand sich lange in der Schlosskapelle der Familie Sternberg in Grünberg [Zelená Hora].

Zur Reformationszeit wollten sie die protestantisch gewordenen Besitzer verbrennen lassen, doch sie sprang aus den Flammen und stand am nächsten Morgen völlig unversehrt auf ihrem alten Platz. Nun sollte sie der Dorfhenker zerstückeln. Seine

Axt blieb aber in ihrer Schulter stecken und ließ sich nicht mehr entfernen. Ein anderer Sternberg verlor die Statue einige Jahre später beim Spiel, und der neue Besitzer schenkte sie den Wiener Franziskanern.«

Die Wöckherlorgel

Dann führt dich Joey hinter den Hochaltar und zeigt dir eine alte Orgel.

»Das ist die älteste, noch immer funktionierende Orgel von Wien. Sie ist ein Werk des Orgelbauers Johann Wöckherl (oder Weckerl), dem sie die Franziskaner im Jahre 1642 abkauften. Sie stellten sie im Chor auf.

Im 18. Jahrhundert wurde davor der Hochaltar errichtet, sodass sie vom Kirchenraum aus nicht mehr zu sehen war. Auf der Empore wurde eine neue Orgel aufgestellt, die bei den Messen gespielt wurde. So blieb die alte nahezu unverändert, ihr schön geschnitztes Gehäuse, der Manualladen und das Pfeifenwerk im Original erhalten. Sie kann mit geschlossenen oder geöffneten Flügeltüren gespielt werden. Vor Kurzem wurde sie restauriert.«

Zurück auf dem Platz siehst du noch das ehemalige Wohnhaus des Pestarztes Dr. Paul Sorbait (Nummer 1).

»Aber jetzt ist es genug für heute«, findet Joey, »lass uns zum Gastgarten vom Kleinen Café gehen, da können wir uns gut ausruhen. Und du kannst mir auf deinem Tablet gleich die Fotos zeigen, die du auf unseren fünf Spaziergängen kreuz und quer durch die Stadt gemacht hast. Ja? Bei unserem nächsten Treffen gehen wir zum Stephansdom.«

Der Stephansdom und seine Umgebung

Das kleine Dommodell neben dem großen Dom verhilft zu einem guten Überblick

Neben dem Stephansdom steht ein kleines Modell des Doms. Dort triffst du Joey an einem kühlen Oktobertag. Es ist gegen Abend.

»Erkunden wir heute den Dom?«, möchtest du wissen.

»Ja, wie ausgemacht!«, sagt Joey. »Zuerst eine Frage: Kennst du den Komponisten Joseph Haydn, den ich auf unseren Spaziergängen schon erwähnt habe?«

»Sicher! Er war ein großer Komponist, lebte von 1732 bis 1809, stammte aus Niederösterreich und verbrachte den größten Teil seines Lebens im Dienste der Fürsten Esterházy.«

»Aber weißt du auch, dass Haydn schon als Kind nach Wien kam?« – Zauberer Joey schnippt zweimal mit den Fingern, das Dommodell verblasst, *Vor dem Dom standen bis zum Ende des 18. Jahrhunderts einige Häuser: Das Mesner-, das Barleih- und das Kantorhaus*

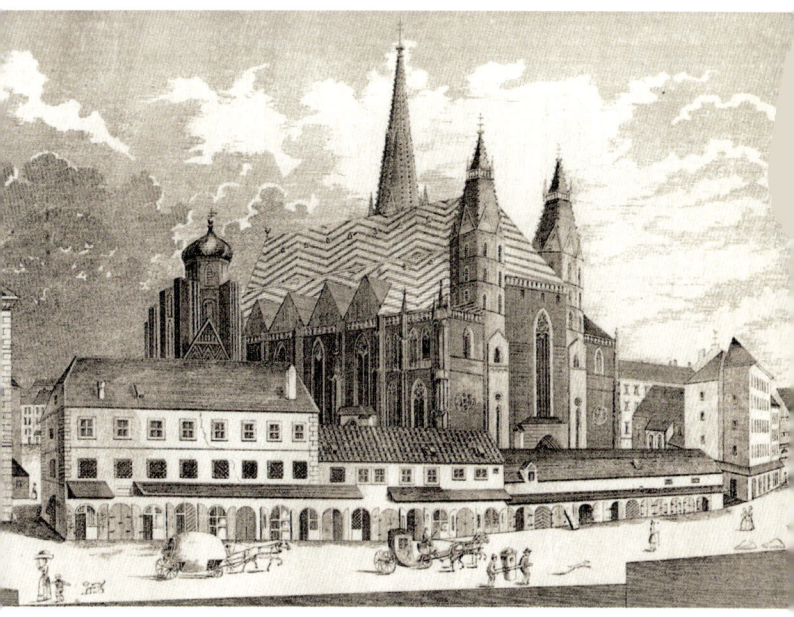

133

und schon seid ihr in Haydns Zeit angekommen. Alles sieht plötzlich ganz anders aus. Der Dom ist von einem ummauerten Friedhof umgeben, vom Stock-im-Eisen-Platz trennt ihn eine Reihe von Gebäuden: die Magdalenenkapelle, die Kantorei, das Bahrleihhaus und das Mesnerhaus.

Begegnung mit Joseph Haydn

Joey ist jetzt ein magerer Bub mit pockennarbigem Lausbubengesicht:

»Hallo, ich bin der Sepperl! Lach nicht! Meine Eltern und meine Freunde rufen mich so! Es fiel ihnen schon früh auf, dass ich und mein Bruder Michael sehr musikalisch waren, und sie bemühten sich sehr um unsere gute Ausbildung. Es war ein großes Glück, dass ich mit acht Jahren bei den Sängerknaben der Kantorei [Musikergemeinschaft] St. Stephan aufgenommen wurde! Denn in Rohrau oder Hainburg hätte ich nichts mehr dazugelernt.

Ich zeige dir, wo ich wohne: in dem dreistöckigen Haus gleich neben der Magdalenenkapelle.«

Gruseliger Stefansfreythof

Haydn-Joey zeigt hinauf zum Dach: »Siehst du die kleinen Dachluken? Dort oben sind wir Buben in Dachkammern untergebracht. Nur, wenn wir zu den Luken hinaufklettern, können wir zum Eingang des Doms hinuntersehen. Seine Mauern ragen dunkel auf, und in Sandstein gehauene Dämonen werfen lange Schatten.«

»Ist er denn gar nicht beleuchtet?«, willst du wissen.

»Nein, und rund um den Dom auf dem Friedhof ist es meist schon spätnachmittags stockfinster und recht unheimlich, besonders, wenn jemand aus der Pfarre gestorben ist und die Totenglocke läutet. Nur in der Totenleuchte dort an der Mauer flackert ständig das ewige Licht.«

»Werden noch Leute auf dem Friedhof begraben?«, unterbrichst du.

»Nein, seit Kurzem nicht mehr, aber in die Katakomben unter dem Dom werden noch immer Tote gebracht. Anfangs hatte ich große Angst vor ihnen, vor allem, weil man sie in der warmen Jahreszeit riechen kann!«

Obwohl es kühl ist, glaubst du jetzt, schwachen Leichengeruch wahrzunehmen, vermischt mit dem modrigen Duft verwelkender Blumen. Aber das ist wohl Einbildung!

Sepperl setzt fort: »Besonders im Sommer stinkt es rund um und im Dom ganz fürchterlich, trotz des vielen Weihrauchs wird mir oft ganz schlecht. Und des Nachts treiben sich Gespenster herum!«

»Tatsächlich? Von denen möchte ich mehr hören!«, bittest du.

Sepperl-Joey wiegt den Kopf hin und her: »Naja, gar so gerne denke ich nicht an sie, die können nämlich ziemlich böse werden, wenn man sie stört. Aber gut, du sollst eine Geschichte hören!«

Mit den Toten ist nicht zu spaßen

»Auf dem Gottesacker gab es mehrere Karner, in denen die Gebeine der Toten aufbewahrt wurden. In einem davon brannte ein ›ewiges Licht‹.

Als einmal ein Mesner mit seinem Freund schwer betrunken des Nachts über den Friedhof schwankte, löschte der Sturm seine Laterne aus.

Da ging der Mesner in das Beinhaus und rief lachend: ›Ist da ein guter Mann oder Freund, der mir das ewige Licht nachtragen kann, damit ich etwas sehe? Ihr Toten braucht doch ohnedies kein Licht mehr!‹ – Dann wollte er seine Laterne an dem Licht anzünden.

Plötzlich flog ihm etwas an die Brust, schmal und weiß. Und mehr und mehr solche Teile flogen auf ihn zu, bis die Turmuhr ein Uhr schlug und der Spuk aus war. Der Mann schleppte sich halbtot ins Freie und brach zusammen. Im Beinhaus aber lagen die sonst wohlgeordneten Knochen in wildem Durcheinander und bedeckten den ganzen Boden. Der Mesner starb bald nach seinem schaurigen Erlebnis.

Ja, mit den Toten ist nicht zu spaßen!«

»Das glaube ich dir nicht, die tun doch keinem was zu Leide!«, sagst du.

»Dann geh doch einmal in die Katakomben hinunter und sieh dich dort um – aber hüte dich davor, die Toten zu ärgern, denn wer weiß, was sonst passiert!«, meint Sepperl.

Das Leben bei den Sängerknaben

»Was machst du denn so den ganzen Tag lang bei den Sängerknaben?«, möchtest du wissen.

»Wir sind in erster Linie zum Singen da, und das heißt: täglich in der Kirche ein- oder zweimal beim Hochamt oder einem Fest singen, bei den Prozessionen mitgehen, auch in anderen Kirchen, beim Jesuitentheater, in Adelspalästen und sogar bei Hof singen. Natürlich bekommen wir Unterricht: neben Religion in Lesen, Schreiben, Rechnen und Latein. Aber Vorrang haben die musikalischen Fächer, der Geigen-, Klavier- und Gesangsunterricht.«

»Und sag, hast du überhaupt zum Spielen Zeit?«

»Ach weißt du, zwischendurch gibt es Pausen, und die nütze ich aus. Bei so einer Gelegenheit kletterten wir Buben einmal in Schönbrunn auf dem Baugerüst herum, ich ganz oben in schwindelnder Höhe. Die Kaiserin sah das, sie tadelte mich und versprach mir, beim nächsten Mal für eine ordentliche Tracht Prügel zu sorgen. Die sind ja ein fester Bestandteil einer jeden guten Kindererziehung. Und was soll ich dir sagen – sie erwischte mich nochmals und hielt ihr Wort.«

Sepperl reibt sich lachend sein Hinterteil.

»Aber ich singe gern bei Hof, denn da bekommen wir gutes Essen. Beim Kapellmeister Georg Reutter ist nämlich Schmalhans Küchenmeister.

Geschenke bekommen wir auch manchmal, und wenn wir bei den Adeligen singen, sogar einen Lohn. Den steckt Reutter dann in eine verschlossene Büchse, und wenn wir besondere Ausgaben haben, etwa das monatliche Bad in einer Badstube, bekommen wir etwas davon. Was übrig bleibt, wird unter uns verteilt.«

Auf einmal streckt und reckt sich Haydn-Joey. Vor dir steht jetzt kein Sängerknabe in schmucker Tracht mehr, sondern ein magerer junger Mann in abgetragenen Kleidern mit einem Geigenkasten unter dem Arm. Man schreibt das Jahr 1750.

Der berühmte Komponist Joseph Haydn war als Sängerknabe kein Musterkind

Der abgeschnittene Zopf

»Was ist denn los? Wie siehst du denn aus?«, fragst du mit Neugier und Mitgefühl.

»Ach weißt du, mir geht es gar nicht gut. Im Vorjahr verlor ich meine schöne Stimme, und als ich am Leopolditag in Klosterneuburg vor der Kaiserin sang, fand sie: ›Der Haydn kräht wie ein Hahn.‹ – Das war schon schlimm genug, aber für den Rauswurf aus der Kantorei sorgte ich selbst. Wir hatten eine neue Schere in der Schule, und da konnte ich nicht widerstehen: Ich schnitt damit dem vor mir sitzenden Mitschüler den Zopf ab.

Das war sehr schlimm für ihn, denn jeder trägt ja einen Zopf, das ist so Mode. Reutter war sehr wütend auf mich und verurteilte mich zu Stockschlägen auf die flache Hand, einem sehr beliebten Erziehungsmittel. Das machte mir Angst, denn ich hielt viel von meinen schönen Musikerhänden. Also bat ich um Vergebung und vor allem um eine andere Strafe, denn sonst würde ich lieber gleich weggehen.

›Da hilft nichts‹, herrschte mich der strenge Vorgesetzte an, ›du wirst zuerst geprügelt und dann – Marsch!‹

So fand ich mich ganz unvermutet und allein an einem feuchtkalten Novemberabend auf der Straße wieder und wusste zuerst gar nicht, wovon ich nun leben sollte. Mein ganzer Reichtum bestand aus meinen abgenutzten Kleidern, die ich am Leib trug, und aus drei Hemden. Aber zu meinem Glück gab mir ein Kollege gleich Unterkunft, und mein Essen verdiene ich mir da und dort mit meiner Geige.«

Sepperl-Joey will jetzt nicht mehr weiter von sich sprechen, sondern dir den Dom zeigen, weshalb du ja gekommen bist. Er führt dich zur Außenmauer auf der Südseite, zu einem alten Hochgrab.

Das Neidhart-Grab

»In den Tuchlauben habe ich dir schon von Neidhart von Reuental erzählt und dir die Fresken gezeigt. Hier soll er begraben sein. Ich mag ihn gern, denn er war wie ich, ein Musikus mit viel Humor, und deshalb bringe ich ihm manchmal ein paar Blumen. Er lebte am Hof der Babenberger und schuf heitere Sommer- und Winterlieder, in denen er sich über seine Zeitgenossen, die Hofleute und das Landvolk, lustig machte.

Das mittelalterliche Neidhart-Grab an der Dommauer

Im 14. Jahrhundert lebte am Petersplatz Nummer 11 ein anderer Dichter namens Neithart Fuchs, der ähnliche Texte verfasste, sodass in der Erinnerung der Wiener die beiden Männer zu einem einzigen Neidhart verschmolzen. Die Bauern hassten ihn und sollen das Grab verstümmelt haben, deshalb sieht es so mitgenommen aus [in Wirklichkeit wurde es durch Napoleons Kanonen beschädigt].

Doch welcher Neidhart liegt hier begraben? Du wirst es nicht glauben: vermutlich beide!«

Als das Grab kürzlich restauriert wurde, fand man die Knochen zweier etwa gleich großer Männer darin, die man wissenschaftlich untersuchte: Der eine starb im Alter von 35 bis 45 Jahren irgendwann zwischen 1340 und 1400, der andere im Alter von 45 bis 55 Jahren zwischen 1100 und 1260 – was genau auf die beiden Neidharts passt.

Das Singertor

Sepperl zeigt auf das nahe Singertor: »Durch dieses Tor betreten die Singer (Sänger) – auch die Sängerknaben – den Dom. Es stammt aus dem 14. Jahrhundert und wurde unter Herzog Rudolf IV., dem Stifter, begonnen. Diese

Statue da zeigt ihn, er hält ein Modell der Kirche in der Hand. Schau einmal, an dem Tor sind – außer Rudolfs Gattin Katharina von Böhmen – nur heilige Männer dargestellt.

Durch diesen Eingang betrat man das Männerschiff, da sollten die Heiligen als passende Vorbilder dienen.«

Herzog Rudolf IV., der Stifter, mit dem Kirchenmodell

Sepperl führt dich zum »Schmerzensmann« daneben, einer Christusstatue aus dem 15. Jahrhundert. Sie erinnert an die Martern, die Jesus auszustehen hatte. Von dieser Stelle aus zogen im 17. Jahrhundert die großen Fastenprozessionen nach Hernals zum Kalvarienberg.

Vorbei am Anbau der unteren Sakristei geht es nun weiter zum Primglöckleintor, das unter dem Südturm in den Dom führt. Das Glöcklein rief die Gläubigen zur ersten Messe, zur »Prime«.

Der Schmerzensmann neben dem ehemaligen Männereingang

Der Südturm

Der Südturm des Stephansdoms ist 136,44 Meter hoch und wird bekrönt von einer großen Kreuzblume mit Doppeladler und Kreuz, den Sinnbildern für weltliche und geistliche Herrschaft. Den Grundstein des Turms legte Herzog Rudolf IV. Er wollte übrigens zwei Türme bauen lassen – ein ehrgeiziger Plan. Doch erst 1433 konnte Hans von Prachatitz den Südturm vollenden, und mit dem Bau des zweiten wurde gar erst um 1450 begonnen.

Über der quadratischen Turmhalle befindet sich die Glockenstube. Jede der elf Glocken hat einen eigenen Namen (hier hing bis 1945 auch die alte Pummerin). Die Glöckner gaben mit dem Geläute den Wienern die Zeit an – von der ersten Messe bei Tagesanbruch bis zum Entzünden der

Laternen bei Einbruch der Dämmerung. Im achteckigen Turmobergeschoss darüber befindet sich auf der Höhe von 72 Metern die Türmerstube.

»Komm, wir gehen hinauf!«, sagt Sepperl vor dem alten Mesnerhaus. »Es sind ja nur ein paar Stufen!«

Genauer gesagt sind es 343 Stufen – eine Kleinigkeit für sportliche Kinder und Jugendliche! Schnauf! Doch endlich oben angekommen, genießt man einen wundervollen Blick über die ganze Stadt.

In Zeiten der Gefahr konnte man von dort oben an die Stadt heranrückende Feinde sehr gut beobachten, wie es Rüdiger Graf Starhemberg, der Stadtkommandant von Wien während der Zweiten Türkenbelagerung, tat. Türkenkugeln in den Mauern erzählen vom Beschuss des Turms durch angeblich mehr als 1000 Kanonenschüsse.

Auch in friedlichen Zeiten versahen Turmwächter hier oben ihren Dienst: Sie sollten jeden Ausbruch eines Brandes innerhalb der Stadt entdecken. Im Brandfall mussten sie bei Tag eine rote Fahne und in der Nacht eine rote Laterne in Richtung des Feuers schwenken und die Bevölkerung mit einem blechernen Sprachrohr warnen. Gleichzeitig wurde eine schriftliche Meldung durch ein Rohr zum Turmmeister hinuntergeschickt, der die Feuerwache am nahen Petersplatz mittels eines Glockenzuges alarmierte. Später geschah das mit Hilfe eines Fernrohrs und eines Telegrafen, der die Meldung direkt zur Hauptfeuerwache Am Hof weitergab. Der letzte Türmer versah bis zum 31. Dezember 1955 seinen Dienst.

Das Wetter wurde ebenfalls von hier aus beobachtet. Natürlich kennt Sepperl-Joey hier wieder eine Geschichte:

»In einem Stübchen der Turmwächterwohnung stand sogar eine Kegelbahn, die natürlich sehr kurz war. Die Spieler konnten sich nur mit dem Rücken zur Bahn aufstellen und die Kugel zwischen den Beinen hindurch rollen, was recht schwierig war.

Der Turmwächter lud seine Freunde gerne hierher zu einem Spiel ein, um sich die Zeit zu vertreiben. Ein junger Mann erwies sich dabei als so geschickt, dass er immer alle Kegel traf. Bald wollte niemand mehr gegen ihn verlieren, also spielte er allein, und das selbst sonntags, am Tag des Herrn.

Eben als es eines Samstagnachts Mitternacht geschlagen hatte, stand plötzlich ein hagerer Mann vor ihm, gehüllt in einen grauen Mantel: ›Der Sonntag beginnt! Beende dein Spiel!‹

Der junge Mann nahm einen tiefen Zug aus seinem Becher und rief: ›Ich kegle bis zum Jüngsten Tag, wenn ich will. Spiel doch mit! Alleine ist es recht langweilig.‹

›Gut‹, sagte der unheimliche Fremde, ›jeder Schub von mir trifft alle Neune. Wenn ich verliere, so zahle ich, was du verlangst.‹

›Es gilt!‹, rief der Geselle und schleuderte einen Kegel zum Fenster hinaus auf die Straße.

›So haben wir nicht gewettet‹, zürnte der Graurock und warf seinen Mantel ab. Es war der Tod. – ›Gelingt es dir nicht, alle neun Kegel zu treffen, so gehörst du mir!‹

Jetzt bekam der junge Mann schreckliche Angst, denn es waren ja nur mehr acht Kegel vorhanden.

Da rief der Knochenmann: ›Nun, du toller Junge, glaubst du, ich bräuchte den neunten Kegel? Der Tod trifft immer alle Neune.‹ – Er packte die Kugel und warf sie so gewaltig in die Kegel, dass alle acht und der junge Geselle als Neunter umfielen.

Am nächsten Morgen fand der Turmwächter den unseligen Spieler tot zwischen den Kegeln liegen. Von da an ließ er jeden seiner Besucher einen Schub zur Erlösung der armen Seele tun.«

Alle Neune! Den
Teufel kann man
nicht überlisten

Der Dom lebt

Es geht die Wendeltreppe wieder hinunter, und sogar der

zähe Sepperl verspürt einen heftigen Schwindel wie bei einer Ringelspielfahrt, weil es in der engen Spirale immer rund und rund herum geht. Wie gut, dass er eine kleine Fellflasche mit Wasser bei sich hat!

Unten angelangt, führt er dich zur Sakristei. Dort wächst ein Götterbaum, der mit seinen Blättern zahlreichen Schmetterlingen und Vögeln willkommene Rastplätze bietet.

Der Götterbaum bietet vielen Tieren ein schattiges Plätzchen

Wasserspeier wirken im Dämmerlicht wie Dämonen

»Der ganze Dom lebt«, erklärt Sepperl, »er gibt vielen Pflanzen, aber auch Tieren, sogar Mardern und Falken Quartier! Und Fledermäusen! – Ganz abgesehen einmal von den vielen Tieren aus Stein.

Schau nach oben, du entdeckst immer andere und neue: Wasserspeier, Dämonen, den Hahn auf dem Dach, Hunde, Basilisken, Löwen und andere Geschöpfe, die im Kampf zwischen Gut und Böse den Teufel vom Gotteshaus und von den Gläubigen fernhalten sollen!«

Sepperl-Joey führt dich nun an der Mauer des Kapitelsaals entlang um die Ecke, wo du unter einem Dach ein sechsteiliges Passionsrelief sehen kannst. Dort zeigt er auf den vierten Kreis:»Jesus wird von einer Menschenmasse verhöhnt. Ihr Anführer, der Mönch, soll Martin Luther sein.«

Dann kommt ihr vorbei an zwei Grabdenkmälern, die an die beiden Kirchenmeister Hans Straub und Lienhart Lackner erinnern. Am Strebepfeiler daneben entdeckst du eine alte Sonnenuhr.

Sepperl bleibt dort vor einer Büste des leidenden Heilands stehen (das Original aus dem Jahr 1420 befindet sich drinnen im Dom), er hat eine weitere Geschichte zu erzählen:

»Eines Tages brachte eine alte Frau dem Heiland Blumen. Da aber der Wind heftig wehte, band sie den Strauß mit einem Tuch an seinem Kopf fest. Wenig später kamen drei betrunkene Gesellen auf ihrem Heimweg vorbei und mussten bei dem Anblick lachen.

›Schaut nur, jetzt hat sogar unser Herrgott Zahnweh. Ein Wunder ist das nicht. Er steht ja auf einem zugigen Platz!‹, sagte der Keckste von ihnen. – Kaum daheim, wurde er von schrecklichen Zahnschmerzen befallen, sodass er die ganze Nacht kein Auge zutat. Am nächsten Morgen ließ er einen Wundarzt holen.

Der aber fand keinen einzigen kranken Zahn und meinte: ›Sonderbar, ihr seid heute schon der dritte Geselle in Wien, der über Zahnschmerzen klagt, ohne dass ich den geringsten Grund dafür entdecken kann.‹

Jetzt war dem jungen Mann klar, dass ihn der Herrgott für seine freche Rede bestraft hatte. Er band sich ein warmes Tuch um den Kopf und ging reuevoll zum Dom.

Doch wen traf er dort? Seine beiden Kameraden, die sich ebenfalls Tücher um die Wangen gebunden hatten. Alle drei knie-

»Und jetzt«, sagt Sepperl-Joey, »kehren wir in deine eigene Zeit zurück.«

Wieder einmal dreht sich alles, die Gräber verschwinden, dafür stehen viele Fiaker da, die auf Kundschaft warten. Joey ist wieder Joey – in Jeans und Turnschuhen, mit einer Schirmmütze auf dem Kopf und ohne Zopf.

»Schau einmal, hier auf der nördlichen Seite des Chors wurde die Obere Sakristei angebaut, und daneben ist ein kleiner Vorbau, auf dessen Boden Eisenplatten liegen. Darunter versteckt sich eine Treppe zu den Katakomben. Nachdem man den Friedhof 1732 aufgelassen hatte, trug man die Toten hier hinunter. Der kleine Raum diente als Totenkapelle. An diesem Ort wurde am 6. Dezem-

Der Zahnwehherrgott an der Rückseite des Stephansdoms

ber 1791 Mozarts Leichnam aufgebahrt und eingesegnet [Gedenktafel].«

Mozarts Begräbnis

Das zeitwandernde Zauberwesen Joey berichtet:

»Über Mozarts Begräbnis wird viel Unsinn erzählt: Mozart soll wegen des schlechten Wetters von seinen Angehörigen nicht zum Friedhof begleitet worden sein. Ich weiß warum, denn ich war damals dabei. In den Bahrleihbüchern, in denen sämtliche Gebühren bezüglich der Sterbefälle verzeichnet wurden, liest man am 6. Dezember 1791: ›Der Trauerzug vom Sterbehaus in der Rauhensteingasse zur Domkirche wurde mit Glockengeläute empfangen, dann erfolgte die Aufbahrung in der Kruzifixkapelle beim Abgang in die Katakomben und die liturgische Einsegnung durch einen der Priester. Danach wurde der Sarg in die Totenkammer direkt neben der Kapelle beim Nordturm gebracht, da jede Überführung zum Friedhof laut der damals geltenden Vorschriften erst nach Einbruch der Dunkelheit und bis vor Sonnenaufgang gestattet war.‹

Der Zeitpunkt der Überführung wurde nicht bekanntgegeben, daher waren Trauerzüge zu den Friedhöfen allgemein nicht üblich. Mozart bekam kein Armenbegräbnis, sondern eines ›dritter Klasse‹, genau so, wie es damals fünf von sieben verstorbenen Wienern erhielten. Von Sturm, Schnee oder Regen konnte keine Rede sein. Die Wetteraufzeichnungen der Hohen Warte halten fest, dass der 6. Dezember ein kühler, aber sonniger Wintertag war.«

Johannes Chrysostomus Wolfgangus Theophilus Mozart (1756–1791) nannte sich selbst Wolfgang Amadé Mozart. Er und seine Schwester Nannerl waren musikalische Wunderkinder, die von ihrem Vater Leopold unterrichtet und auf Konzertreisen regelrecht ausgebeutet wurden.

Als Wolferl Constanze Weber heiratete, kam es zu Unstimmigkeiten mit dem Vater, der im Dienst des Salzburger Erzbischofs verblieb. Der junge Mozart lebte nun als freischaffender Komponist ohne feste Anstellung in Wien von seinen Einnahmen, die recht unterschiedlich ausfielen. Da er außerdem großen Gefallen an Glücksspielen fand, gelang es ihm nie, zu Vermögen zu kommen.

Neben der Kruzifixkapelle steht die alte Capistran-Kanzel, die sich früher im Dominneren befand, wie Joey behauptet. Hier auf dem Friedhof hielt der streitbare Johannes Capist-

ran (1386–1456; 1690 heiliggesprochen) von einer hölzernen Kanzel herab seine Predigten in lateinischer und italienischer Sprache, die dem Kampf gegen die Juden und die Osmanen galten. Tatsächlich gelang ihm durch seinen persönlichen Einsatz 1456 die Eroberung von Belgrad.

Zur Erinnerung daran wurde allgemein das Mittagsläuten eingeführt.

Die Capistran-Kanzel und die Kapelle, in der Mozarts Leichnam eingesegnet wurde

Der Adlerturm (Nordturm)

Der Bau des Nordturms wurde um 1450 begonnen (bei den Aushubarbeiten fand man einen riesigen Mammutknochen), jedoch nie fertiggestellt: Er wurde nur 68,3 Meter hoch, was zu allerlei Legenden Anlass gab. Joey erzählt:

Die Sage von Hans Puchsbaum

»Als Peter von Prachatitz (✝1429, der Vorgänger von Hans von Prachatitz) Dombaumeister war, arbeitete bei ihm ein tüchtiger Werkmeister namens Hans Puchsbaum. Dieser verliebte sich in Maria, die Tochter seines Meisters, und hielt um ihre Hand an.

›Lieber Hans‹, sagte Meister Peter, ›ich werde deinen Wunsch erfüllen, sofern du den zweiten Turm innerhalb eines Jahres genauso hoch wie den Südturm bauen kannst!‹

Da schlich sich nachts der Teufel zu Hans und bot ihm an, den Turm für ihn zu vollenden: ›Aber du darfst während der Bauzeit weder den Namen Gottes noch den der Jungfrau Maria – noch den irgend eines anderen Heiligen aussprechen. Sonst gehört deine Seele mir!‹

Der Turm wuchs rasend schnell in die Höhe. Doch als eines Tages Hans oben auf dem Gerüst stand und auf den Platz hinunter sah, ging dort eben Maria vorüber.

›Maria, Maria!‹, rief er voller Sehnsucht.

Da stand schon der Teufel neben ihm, packte den Unglückseligen und schleuderte ihn in die Tiefe.«

In Wahrheit stammen nur die Entwürfe und das um 1450 errichtete Fundament des Nordturms vom Dombaumeister Hans Puchsbaum, ebenso die Einwölbung des Langhauses und die Vorhalle des Singertores.

Der unvollendete Nordturm

Unter Dombaumeister Gregor Hauser wurde 1511 der Bau des Nordturms eingestellt, die Epoche der Gotik war zu Ende. Erst 50 Jahre später wurde der Turmhelm (Saphoysche Haube) von den Brüdern Saphoy aufgesetzt.

Der Turm und der saure Wein

Joey kennt noch eine Geschichte über den Turm, die aber auf Wahrheit beruht:

> »1450 herrschte ein äußerst nasser und kalter Sommer, sodass die Weintrauben nicht reif wurden. Entsprechend sauer war der daraus gekelterte Wein. Man nannte ihn ›Reifbeißer‹, sei es, weil der Reif die Trauben verdorben hatte, sei es, weil der Wein die Fässer mit seiner Säure zersetzt hatte. Da man ihn gar nicht trinken konnte, schüttete man ihn einfach auf die Straßen.
>
> Kaiser Friedrich III. war darüber entsetzt, da niemand selbst die geringste Gabe Gottes so missachten dürfe. Also befahl er, den Wein zum Dom zu bringen. Hier löschte man den Kalk damit, den man beim Bau des Turms verwendete.«

Der Asylring

Nun zeigt dir Joey am Pfeiler des Adlertors ein Stück Eisen: »Man sagt, das sei ein Asylring gewesen: Wer sich an ihn klammerte, durfte nicht mehr verfolgt werden. Der Babenberger Herzog Leopold VI. soll das Asylrecht verfügt haben, deshalb nennt man den Ring ›Leo‹.

In Wirklichkeit ist das hier aber eine Eisenspule. Sie diente als Umlenk-Rolle für die Seile, mit deren Hilfe man Lasten und Baumaterial auf den Adlerturm hinauf schaffte.«

Der Adlerflug

Auf der Kuppel war einmal ein Adler zur Erinnerung an zwei große Festlichkeiten in den Jahren 1566 und 1575 aufgestellt. Joey war natürlich bei einem der Feste dabei und erzählt:

»Die Straßen und Plätze waren wunderschön mit Bäumen und Sträuchern geschmückt, an denen Orangen und künstliche Früchte hingen, wie in einem richtigen Garten. Aus den Brunnen floss roter und weißer Wein. 85 Spielleute sorgten für Musik, 300 Ehrenknaben standen für den Kaiser Spalier. Ein Tiroler namens Johann Marbig, ein gelernter Uhrmacher, hatte als besondere Überraschung einen 90 Zentimeter hohen Adler angefertigt, der sehr natürlich aussah – mit Haut und Federn, Glasaugen und Klauen aus Horn. In seinem Inneren befand sich ein mechanisches Werk, das den Adler, nur durch ein dünnes Seil gelenkt, von der Spitze des Südturms mit ausgebreiteten Flügeln hinunter auf den Nordturm fliegen ließ.«

Die Pummerin

1957 fand die neue Pummerin im Obergeschoss des Adlerturms ihren Platz. Die alte Pummerin (oder Bummerin) hing von 1711 bis 1945 im Südturm. Sie hieß ursprünglich Josephinische Glocke, da Kaiser Joseph I. sie aus dem Metall der 1683 von den Osmanen zurückgelassenen Kanonen bei der Firma Achamer in der Burggasse Nummer 55 hatte gießen lassen. Sie wog 22.512 Kilogramm und hatte einen Durchmesser von etwa 320 Zentimetern. Um sie in die Stadt bringen zu können, wurde der lange Weg durch das Fischertor über die Rotenturmstraße gewählt, deren Untergrund man dazu hatte verstärken müssen. Und auch das Riesentor hatte ihretwegen erweitert werden müssen. Am 29. Oktober begann der Transport auf einem eigens gebauten Wagen. Er wurde von 200 Freiwilligen an zwei starken Seilen gezogen. Am 4. November war man beim Fischertor angelangt, und am 6. November erreichte man den Stephansdom. Am 15. Dezember 1711 wurde die Glocke geweiht, und am nächsten Tag begann man, sie in den Albertinischen Turm (Südturm) aufzuziehen. Sie wurde erstmals zur Rückkehr Kaiser Karls VI. von seiner Frankfurter Krönung geläutet.

Als sie im April 1945 vom Turm herabstürzte, zersprang sie in viele Teile. Diese wurden zusammen mit den Resten zweier anderer Glocken 1951 beim Guss der neuen Pummerin in Sankt Florian wiederverwendet, die ein Geschenk des Landes Oberösterreich war. Sie hat einen Durchmesser von 314 Zentimetern und wiegt 20.130 Kilogramm, ist also etwas kleiner als ihre Vorgängerin. Sie stand fünf Jahre lang unten neben dem Nordturm, bis sie endlich oben angebracht werden konnte.

Joey sagt: »Du hast sie sicher schon gehört! Zu Silvester wird ihr Klang im Radio übertragen. Sie läutet das neue Jahr ein, und danach wird dann der ›Donauwalzer‹ gespielt. Willst du sie sehen? Dann fahren wir einfach mit dem Lift hinauf.«

Die alte Pummerin wird über die Rotenturmstraße zum Dom gebracht

Die Dombauhütte und der Mannermann

Hinter den Holzwänden neben dem Adlerturm befindet sich die Dombauhütte, wo die Steinmetze ständig an der Restaurierung arbeiten. Joey greift in seine Tasche und zieht ein Packerl Manner-Schnitten heraus: »Schau, auf jedem Packerl siehst du eine Abbildung des Doms. Die Firma Manner tut etwas für ihn, denn einer der Steinmetzen in der Dombauhütte steht auf ihrer Lohnliste, der Mannermann.«

Steinmetzen beim Dombau

Der Dom ist eine ewige Baustelle: Der saure Regen ist sehr schädlich für den Sandstein, aus dem er gebaut ist. So sind inzwischen viele seiner Teile schon mehrfach erneuert worden. Für die Erhaltung des Doms werden jährlich 2,2 Millionen Euro benötigt.

Das Bischofstor

Im Bereich der Hütte befindet sich das Bischofstor, der ehemalige Eingang in das Frauenschiff, gegenüber dem erzbischöflichen Palais. Es ist, abgesehen von der Stifterfigur, mit weiblichen Heiligen geschmückt. Man kann man es nur vom Dominneren aus besichtigen.

Das Dach

Du bist nun sicher müde geworden, und Joey will ebenfalls gehen.

»Schau nach oben, das Dach ist sehr schön! Es musste nach 1945 ganz neu errichtet werden, weil der alte Dachstuhl aus Lindenholz abgebrannt war. Der neue besteht aus 605 Tonnen Stahl und erstreckt sich mit 110 Metern Länge und 37,85 Metern Höhe über den ganzen Dom.

Er ist so steil, damit das Regenwasser rasch abfließen und der Schnee rasch abrutschen können. Man hat ihn mit 230.000 bunten Dachziegeln aus Breslau in Tschechien im Zickzackmuster gedeckt.

Allerlei Getier schützt vor dem Bösen

Über dem Chor siehst du auf der Nordseite die Wappen der Stadt Wien und der Republik Österreich mit der Jahreszahl 1950, auf der Südseite den kaiserlichen Doppeladler und F I [Kaiser Franz I.] mit der Jahreszahl 1831.

Wenn du möchtest, können wir den Dachstuhl einmal besichtigen. Es gibt Führungen dorthin. Aber nun ist es schon recht spät geworden. Treffen wir uns morgen wieder hier?«

Die bunten Dachziegel wurden in Tschechien hergestellt

Der Heilthumsstuhl

Sonderbar, am nächsten Tag ist weit und breit nichts von Joey zu sehen. Aber ein etwa zehnjähriges Kind in einem zerlumpten hemdartigen Kittel, der ihm nur bis zu den Knien reicht, taucht hinter den Fiakerpferden auf, kommt auf dich zu und spricht dich an: »Sei gegrüßt! Wollen wir Freunde sein?«

Du bist etwas verwundert. Das Kind hat nicht einmal Schuhe an. Aber weil es ein freundliches Gesicht hat, erwiderst du den altmodischen Gruß und gibst ihm die Hand.

Da dreht sich alles, das moderne Wien verschwindet vor deinen Augen – das Kind hat dich in die Zeit um 1450 versetzt. Es ist Joey, du hast das nur nicht gleich bemerkt. Der Dom steht genau so da wie vorhin, nur das Dach sieht ganz anders aus. Rund um den Dom sind Hügel voller Gräber, und mitten auf dem Platz stehen etliche Gebäude, nur anders und älter als zu Haydns Zeit.

Dort, wo die Rotenturmstraße auf den Platz mündet, befindet sich ein torartiges Gebäude:

»Das ist der Heilthumsstuhl. Von seinen Fenstern aus zeigen uns die Priester manchmal den wertvollsten Besitz der ganzen Stadt: die Reliquien unserer verehrten Heiligen.

Alles, was laufen kann, auch viele Fremde, kommt dann hierher, um Segen und Hilfe zu erflehen. Dafür bekommt man einen Ablass: Die Zeitspanne, die man nach dem Tod

*Der Dom und
seine Umgebung
im Jahre 1609*

im Fegefeuer für seine Sünden büßen muss, wird dadurch kürzer.«

Eine merkwürdige Sitte! Wer der Kirche Spenden gibt, kann sich noch mehr Ablässe kaufen. Man erhält sie auch als Belohnung für Pilgerreisen und besonders fromme Werke.

»Der Herzog bestimmt über unser diesseitiges Leben, und Gott über das Leben nach dem Tod«, erklärt das Kind. »Die Kirche hilft uns hier und im Jenseits!«

Hat man deshalb einen so mächtigen Dom gebaut? Menschenmassen strömen hinein, sie finden alle darin Platz.

»Ich bin ein Gehilfe des Barleihers«, sagt der Kleine stolz, und zeigt auf ein langgestrecktes Haus vor dem Dom. »Hier arbeite ich! Arme Kinder wie ich sind froh, Arbeit zu haben, selbst wenn sie dafür kein Geld bekommen. Ich habe wenigstens ein Dach über dem Kopf und darf an der Tafel des Barleihers mitessen.

Meine Eltern sind im Vorjahr an der Pest gestorben, beide liegen da vorne begraben. Von meinen vier Geschwistern ist nur noch eine Schwester am Leben, sie ist Küchenmagd beim Apotheker an der Ecke und steckt mir oft ein paar

156

Leckereien zu. Es geht uns beiden also gut, wir haben Glück.«

Nur Buben aus reichen Familien dürfen die Schule besuchen oder haben gar Hauslehrer. Der Kleine kann weder lesen noch schreiben, aber da er mit offenen Augen und Ohren durch die Stadt geht, kennt er sich überall bestens aus. »Pass auf, dass du nicht in den Schmutz steigst«, sagt er.

Die Heidentürme

Der Kleine führt dich vor die Hauptfassade des Doms und erzählt: »Die beiden uralten Türme nennt man Heidentürme. Vielleicht haben sie noch die Römer gebaut, die ja Heiden waren.«

Sie sehen anders aus als die gotischen Mauern, die du am Vortag umrundet hast. Mit den Römern haben sie aber nichts zu tun, selbst wenn man einige Römersteine beim Bau verwendet hat.

Tatsächlich stammt der untere Teil aus dem 12., der obere Teil aus dem 13. Jahrhundert, sie sind im romanischen Stil erbaut und wurden, wie das Riesentor aus dem Jahre 1240, mitsamt der alten Westmauer beim Umbau der Kirche zur gotischen Kathedrale um 1420 mit einbezogen: Die steinernen Helme wurden etwas verändert, dem Tor ein steinerner Vorhang vorgesetzt und das gotische runde Fenster darüber angebracht. Der linke Turm ist 66,3 Meter, der rechte 65,3 Meter hoch. Die Kirche reichte vor diesem Umbau nur von der äußeren Ecke des einen bis zu der des anderen Turms. Dann verbreiterte man die Kirche, indem man rechts und links an die Türme Kapellen anbaute: rechts die Eligiuskapelle mit der Bartholomäus- oder Herzogskapelle darüber, links die Prinz-Eugen-Kapelle mit der

Reliquienkapelle darüber. Wenn du genau schaust, erkennst du die alten Mauerteile am unterschiedlichen Baumaterial. Beide Türme tragen Uhren anstelle der romanischen Rundfenster, unter diesen sieht man Geschlechtsorgane, Symbole der menschlichen Fruchtbarkeit.

In beiden Türmen waren von jeher Glocken untergebracht, im rechten Turm gibt es heute aber keine mehr. Die Glocken im linken Turm haben den Krieg überstanden. Sie heißen Feuerin, Kantnerin, Bieringerin, Feringerin sowie Churpötsch und wurden alle im 18. beziehungsweise 19. Jahrhundert unter Verwendung älteren Glockenmaterials gegossen.

Die Fassade

Dein kleiner Begleiter meldet sich wieder zu Wort:

»In den kleinen Mauernischen kannst du alte Figuren sehen: zwei Portallöwen, Samson mit dem Löwen, einen Greif und eine sitzende menschliche Figur. Man nennt sie den Dornauszieher, weil es so aussieht, als ob der Mann sich einen eingetretenen Dorn aus der Fußsohle entfernt.«

Es handelt sich bei ihm wohl um den irdischen Richter, der vor dem Dom auf dieser Welt Recht spricht, wie Joey erklärt:

»Ist jemand zur Vertreibung aus der Stadt oder gar zum Tod verurteilt, dann muss der arme Sünder oder die arme Sünderin noch am Tor stehen und ein Gebet verrichten, bevor es weiter zum Stadttor oder zu der Richtstätte geht.«

Innen im Dom hat hingegen nur der ewige Richter Christus das Sagen. Deshalb siehst du ihn über dem Eingang in der Mitte.

Du traust deinen Augen nicht: Das Riesentor, das du

Das Riesentor war in leuchtenden Farben bemalt

um 1450 siehst, ist leuchtend bunt bemalt! Das sieht ganz fabelhaft aus, die Figuren treten sehr deutlich hervor. An den Kleidern von Jesus glitzert sogar Gold.

Joey zaubert dich wieder in die Gegenwart zurück und erklärt dir, dass die Farben erst im Jahre 1792 bei einer Umgestaltung des Stephansplatzes entfernt und die Steinoberfläche freigelegt wurden. Bei den wissenschaftlichen Untersuchungen der Jahre 1996/97 fand man Reste von insgesamt sogar sieben verschiedenen Farbschichten!

Links neben dem Tor siehst du einen Kreis und zwei Eisenstäbe. Joey erklärt:

Die Tuch- und die Leinenelle links vom Riesentor

»Der Kreis stammt vermutlich von einer alten Torverriegelung, die sich tief in den Stein eingrub. Viele Leute halten ihn für ein altes Brotmaß, was ich gar nicht glaube.

Die beiden Eisenstäbe aber sind tatsächlich Maße, die Tuch- und die Leinenelle. Und schau,

159

da rechts bei den Grabdenkmälern wurden die Ziffern 05 ein-
geritzt, das Symbol des österreichischen Widerstands gegen
das Hitler-Regime [Gedenktafel]: Sie bedeuten OE[sterreich],
denn E ist der fünfte Buchstabe im Alphabet.«

Das Riesentor

»Das ist ja wirklich riesig!«, sagst du vor dem Riesentor.
Joey lächelt:

»Der Name hat gar nichts mit ›riesig‹ oder ›Riesen‹ zu
tun, er kommt vom mittelhochdeutschen Wort ›risen‹, und
das bedeutet ›sinken‹ oder ›fallen‹. Denn das Stufenportal
fällt wie ein Trichter tief und schräg nach innen ab, um die
Gläubigen ›einzusaugen‹. Schade, dass die Verzierungen
an den Pfeilern um das Jahr 1500 zum Teil abgeschlagen
wurden.«

Im Rundbogen über dem Tor, dem Tympanon, thront
Christus als Weltenrichter im Strahlenkranz (Mandorla),
von zwei Engeln gehalten, daneben bilden je sechs Apostel und die bei-
den Evangelisten,

Der Portallöwe oben am Riesentor

die keine Apos-
tel waren, links
und rechts sein
Gefolge. Die vier
Evangelisten hal-
ten jeder ein Buch
in der Hand, und
der erste Apostel
neben dem einen
Engel einen Schlüs-
sel, es ist Petrus.

Darunter befindet sich ein Streifen (Fries) mit unheimlichen Wesen – das sind die Gefahren, die den Christenmenschen in dieser Welt bedrohen und vor denen Christus ihn rettet. Da sieht man unter anderem einige verschlungene Drachen und einen Narren (Gaukler) mit einem Affen (Teufel), rechts einen Menschen zwischen Fuchs und Löwen, darunter am oberen Ende der Säulen (Kapitelle) furchtsame Menschengesichter und Masken. Das Flechtwerk an den Säulen selbst soll die Dämonen draußen »binden«. Im Dom braucht man daher keine Angst vor ihnen zu haben.

»Sicher willst du wissen, weshalb Christus nur ein Bein mit seinem Gewand verhüllt?«, fragt Joey. »Manche Leute sagen, das hätte mit der Dombauhütte zu tun, andere halten es für ein Majestätszeichen aus der Antike und wieder andere für ein Zeichen der Gnade.

Was sich die Steinmetzmeister im 13. Jahrhundert aber wirklich dabei dachten, das weiß niemand.«

Bevor ihr eintretet, hat Joey noch etwas zu sagen:

»Die Kirche ist von jeher dem heiligen Stephan geweiht. Er war ein Zeitgenosse von Jesus und der erste christliche Märtyrer [Blutzeuge]. Man steinigte Stephan in Jerusalem in Anwesenheit von Saulus, der später Christ wurde und den Namen Paulus erhielt. Stephan wird am 26. Dezember gefeiert, dem Stephanitag, und gilt als Schutzheiliger der Böttcher [Fassbinder], Kutscher, Maurer, Steinhauer, Pferdeknechte, Weber, Schneider und Zimmerleute. Angerufen wird er bei Besessenheit, Kopfschmerzen, Steinleiden und für eine gute Sterbestunde. Er beschützt auch die Pferde.«

Der erste romanische Kirchenbau, der 1147 geweiht wurde, war bereits anstelle einer älteren Kapelle außerhalb der alten Stadtmauern errichtet worden und unterstand, wie damals ganz Wien, dem Bischof von Passau. Nach einem verheerenden Brand wurde im 13. Jahrhundert die zweite romanische Kirche erbaut, von der man – wie schon gesagt – noch einige Teile außen am Westwerk, aber auch innen an der alten Herzogsempore über dem Eingangsbereich erkennen kann. Damals war Wien bereits von der babenbergischen Stadtmauer umgeben, womit sich die Kirche nun im Herzen der Stadt befand.

Der gotische Ausbau begann im 14. Jahrhundert, maßgeblich daran beteiligt war Herzog Rudolf IV. Er erhob die Kirche zum Dom, indem er 1365 ein vom Bischof unabhängiges Domkapitel stiftete, dem sie seither gehört. Es besteht auch heute noch aus zwölf Geistlichen, die sich um die geistliche Betreuung kümmern und für die Erhaltung zuständig sind.

Das von Passau unabhängige Bistum Wien wurde erst 1469 gegründet. Seither steht das Domkapitel dem Wiener Bischof beziehungsweise Erzbischof mit Rat und Tat zur Seite.

Der Blick ins Innere

Vom Riesentor aus sieht man in die dreischiffige gotische Staffelkirche. Das Mittelschiff ist erhöht, hat aber keine eigenen Fenster. Ursprünglich war die Kirche in zwei Teile geteilt: Ein Lettner (eine Art Zwischenwand) trennte den vorderen vom hinteren Teil. Vorne war der Chorraum, der als Sitz des Kapitels, der Universität, der Ratsherren von Wien und natürlich des Hofes diente. Das herrliche gotische Chorgestühl verbrannte 1945.

Hinten war das Langhaus, der Laienkirchenraum, wo es keine Sitzgelegenheiten gab. An seinen starken Bündelpfeilern sieht man 77 Statuen aus Stein oder Ton, die fast

alle in der zweiten Hälfte des 15. Jahrhunderts
entstanden sind.

Der Innenraum des Doms

Heute hindert kein Lettner mehr die Sicht vom Eingang bis ganz nach vorne zum Hochaltar.

Das Grab von Prinz Eugen

Joey beginnt den Rundgang mit dir auf der linken Seite: Neben dem Grabdenkmal des Arztes und Humanisten Johannes Cuspinian aus rotem Marmor siehst du das schmiedeeiserne barocke Tor zur Gruftkapelle des Prinzen Eugen von Savoyen. Auf seinem Grabdenkmal sind eine Schlacht gegen die Osmanen und über dem Epitaph die geweihten Ehrengaben (Hut und Schwert) dargestellt, die er vom Papst erhielt. Sein Herz wurde nach seinem Tod übrigens nach Turin gebracht.

163

»Schau das Kreuz in der Kapelle gut an«, sagt Joey. »Es stammt aus dem 15. Jahrhundert, und der Bart von Jesus besteht aus echtem Haar. Eine Sage berichtet, dass er gelegentlich wuchs.«

Dann zeigt dir Joey oben auf dem ersten Stützpfeiler der Kapelle gegenüber eine der drei gotischen Schutzmantelmadonnen, die sich im Dom befinden.

»Maria bedeckt die Gläubigen mit ihrem schützenden Mantel. So bunt bemalt wie diese Figur war einst der ganze Dom.«

Die bunte Schutzmantelmadonna mit ihren Schützlingen

Der Kolomanistein

Der Kolomanistein versteckt sich hinter dem offenen Torflügel zum Souvenirshop

Daneben im Bischofstor ist das Souvenirgeschäft untergebracht. Joey greift hinter den rechten Torflügel und öffnet den Riegel:

»Da hinten ist der Kolomanistein. Er ist ganz abgeschliffen von den zahlreichen Küssen und Berührungen gläubiger Pilger, denn

der irische Märtyrer Koloman galt einst als Landespatron. Angeblich wurde sein Blut im Jahre 1012 in der Nähe von Stockerau auf diesem Stein vergossen.«

An der Wand siehst du einen kurzen Text in der Geheimschrift Rudolfs IV., übersetzt lautet er:

> *Hier liegt begraben Rudolf der Stifter,*
> *aus vornehmen Geschlecht.*

Dann zeigt dir Joey die Statuen von Herzog Albrecht III., dem Bruder Rudolfs IV. und Miterbauers des gotischen Domes, und seiner Gattin Elisabeth von Böhmen.

Die Kanzel

Weiter geht es zur Kanzel im Mittelschiff, unter der sich ein Dombaumeister mit Zirkel und Winkelmaß als »Fenstergucker« aus einem Fenster beugt. Man sagt, es sei Anton Pilgram. Der sechseckige Sockel, geschmückt mit Aposteln und Heiligen, trägt wie ein Stiel eine Blüte aus Stein, den Kanzelkorb mit den Bildnissen der vier lateinischen Kirchenväter,

Die gotische Kanzel von Anton Pilgram mit den Reliefs der vier Kirchenväter

Augustinus, Hieronymus, Ambrosius und Papst Gregor. Sie sind nicht als starre, gotische Idealfiguren, sondern bereits als echte Menschen dargestellt. Die Treppe, verziert mit gotischen Maßwerkrädern, windet sich um den Pfeiler hinauf, am Treppenlauf kämpfen Kröten und Eidechsen als Symbole von Dunkel und Licht, und oben bewacht ein kleiner Hund den Aufgang.

Die Orgeln im Dom

In der vorderen Ecke des Langhauses ist über einem barocken Altar von Tobias Pock an einem Orgelfuß ein zweiter »Fenstergucker« zu sehen. Dort hinauf stellte man die älteste Orgel, nachdem im Jahre 1507 eine neue, größere angeschafft worden war, die man auf den Füchselbaldachin neben der Sakristei stellte. Beide Orgeln wurden 1797 abgetragen.

Schau vom Mittelschiff aus zurück zur Westempore (über dem Eingang), dort stand bis 1945 die Riesenorgel aus dem Jahre 1886. Jetzt ist dort eine moderne, von Michael Kauffmann um 1950 geschaffene elektrische Orgel aufgestellt (geweiht 1960). 1991 wurde noch zusätzlich eine neue Domorgel für den rechten Apostelchor angeschafft.

Die Barbarakapelle

Das Adlertor unter dem Adlerturm ist häufig geschlossen, da sich dort die Bauhütte befindet. Man sieht aber in die Barbarakapelle hinein. Dort befindet sich ein spätgotisches Kreuz aus der Zeit um 1470 aus der Pfarrkirche Schönkirchen, in dessen Balken nach dem Zweiten Weltkrieg ein Reliquiar mit Asche aus dem Konzentrationslager Auschwitz eingesetzt wurde.

Das Grab des Stifters

Im Frauenchor steht das Grabdenkmal des Stifters Rudolf IV. und seiner lange nach ihm verstorbenen Gattin Katharina von Böhmen.

Ursprünglich befand es sich in der Mitte des Hauptchores beim verschwundenen »Gotsleichnamsaltar«, und auch das Porträt, das Rudolf mit der zwölfteiligen Zackenkrone zeigt, war da zu sehen (heute im Diözesanmuseum). Daneben führte ein Abgang zur Herzogsgruft hinunter, in der seine sterblichen Reste liegen. Das Denkmal war einst bunt, zum Teil vergoldet, und mit edlen Steinen verziert.

Das älteste Porträt des Abendlandes: Herzog Rudolf IV., der Stifter

Der Wiener Neustädter Altar

Der im 15. Jahrhundert entstandene Wiener Neustädter Altar befand sich ebenfalls nicht immer im Frauenchor. Er wurde hier erst 1952 aufgestellt, nachdem er sich 70 Jahre an einer anderen Stelle im Dom befunden hatte.

In der Fasten- und Adventzeit sind seine Flügel geschlossen. Ist er halb geöffnet, kann man die auf Goldgrund gemalten Heiligen sehen. Die innerste Seite zeigt in Holz geschnitzt das Leben Marias. Unterhalb ist eine Kopie des Turiner Grabtuches angebracht, auf dem der Überlieferung nach der Leib Christi abgebildet ist.

Der Hochaltar

Bis 1640 stand hier ein gotischer Hochaltar aus Holz, der sich aber bereits in sehr schlechtem Zustand befand und daher ersetzt werden musste. Das barocke Altarbild wurde von Tobias Pock auf Zinn gemalt und zeigt die Steinigung des heiligen Stephan. Der Bruder des Malers, der Bildhauer Johann Jacob Pock, gestaltete den Aufbau in Form eines Hausportals. Die beiden inneren Statuen unten stellen die Landespatrone Leopold und Florian dar. Der Altar ist von einer Marienstatue bekrönt.

»Dahinter siehst du Reste der alten gotischen Fensterscheiben aus der Zeit um 1350. Man hat sie nach dem Zweiten Weltkrieg aus dem Schutt gerettet und hier neu zusammengesetzt. Wie farbenprächtig müssen die Fenster früher gewesen sein!«, sagt Joey.

Das Friedrichsgrab

»Lass uns zum Apostelchor hinübergehen, zum Hochgrab Kaiser Friedrichs III. (✝1493)! Er gab es selber

Kaiser Friedrich III. liebte Wien zwar nicht, ließ aber sein prunkvolles Hochgrab im Dom errichten

schon 30 Jahre vor seinem Tod in Auftrag, und zwar beim niederländischen Bildhauer Niklas Gerhaert van Leyden.

Als der Kaiser starb, war es noch nicht fertig. Sein Leichnam musste 20 Jahre lang in der Herzogsgruft warten, bis er hier neu bestattet werden konnte. Oben auf dem Deckel liegt Friedrichs Gestalt, mit dem Kopf nach Osten zur aufgehenden Sonne hin gebettet, den Tag der Auferstehung erwartend. Rundherum umgeben ihn die Zeichen der Macht. Seine Stiftungen und guten Werke überwinden Tod und Verwesung, die durch hässliches Getier und Totenschädel dargestellt sind. Klagende Mönche beten für ihn, Christus und etliche Heilige beschützen seine unsterbliche Seele.«

Die Dienstbotenmadonna

Unweit des Grabes steht eine der schönsten gotischen Marienstatuen: die dunkle Dienstbotenmadonna. Joey erzählt:

»Diese Statue stand einst im Haus einer reichen Gräfin, die recht streng und hartherzig mit ihrer Dienerschaft umging.

Eines Tages vermisste sie ein Schmuckstück. Man suchte eifrig, doch es wurde nicht gefunden. Da beschuldigte sie eine Magd des Diebstahls, die erst seit Kurzem in ihrem Dienst stand, packte sie und wollte sie der Wache übergeben. Das Mädchen konnte sich losreißen und lief in die Hauskapelle, wo es vor der Statue niederkniete und die Madonna um Hilfe anflehte. Die Wache war inzwischen eingetroffen und durchsuchte das ganze Haus. Das Schmuckstück wurde im Stiefel eines Reitknechts gefunden. Die Gräfin hatte es verloren, da hatte der Mann es einfach eingesteckt. Er wurde abgeführt.

Die gotische Dienstbotenmadonna

Die Dame wollte die Dienstmagd und die Madonna nun nicht mehr im Haus dulden. Sie ließ die Statue zum Dom schaffen, wo sie seither von unzähligen Dienstboten besucht wird, falls diese Hilfe brauchen.«

Dann zeigt dir Joey neben der Sakristei den barocken Altar des heiligen Markgrafen Leopold.

»Schau, dort an der Wand ist ein Datum eingemeißelt: 6. 10. 1848. Die Vertiefung im Stein stammt von einem Gewehrschuss während der Revolution, durch den hier ein Mann getötet wurde. Danach musste der Dom neu geweiht werden.«

Spuren roher Gewalt siehst du ferner im Querschiff: Das Türkenbefreiungsdenkmal aus dem 19. Jahrhundert fiel wie vieles andere dem Jahr 1945 zum Opfer. Nur Reste sind erhalten. Gegenüber unter dem Südturm befindet sich die Katharinenkapelle mit dem gotischen Taufbecken, das die vier Evangelisten zeigt. Ihr siebeneckiger Deckel aus Holz diente einst der Kanzel als Schalldeckel, um die Worte der Prediger zu verstärken.

Joey führt dich nun zum Abgang in die Katakomben, wo die Führungen beginnen.

»Lass uns doch gleich mitgehen!«, flüsterst du mit leicht zitternder Stimme, denn du hast schon Gruseliges von der Totenstadt unter dem Dom gehört.

Die Katakomben

Aber so schlimm, wie du dir die Katakomben vorgestellt hast, sind sie gar nicht: In der Herzogsgruft, die noch im Mittelalter angelegt wurde, stehen etliche Särge, in denen Habsburger liegen. Sie sind älter, ähneln aber doch denen der Kaisergruft. Du siehst auch zahlreiche mit Totenköpfen, Kreuzen und Inschriften verzierte Urnen. Der Führer erzählt, dass darin die Eingeweide der Habsburger aufbewahrt sind. Joey flüstert dir zu:

Die Präparierung der toten Habsburger

»Wenn ein Mitglied des Herrscherhauses verstarb, so wurde der Leichnam 72 Stunden in der Hofburgkapelle aufgebahrt. Damit sich nicht zu rasch Verwesungsgerüche breitmachten, präparierte man vorher die Leiche. Eingeweide und Herz wurden entfernt, der gereinigte Körper mit Bienenwachs und Kräutern behandelt. So konnte sich die Bevölkerung in Ruhe vom Toten verabschieden und, was sehr wichtig war, vom Tod der jeweiligen Person direkt überzeugen. Denn sonst hätten leicht Verschwörungstheorien entstehen können. Ganz konnte man diese ohnehin nicht vermeiden, da man an den Pocken Verstorbene nicht ausstellen konnte. Da hieß es dann gleich, dass die Person noch irgendwo leben würde.

Die Körper wurden in früherer Zeit im Dom, ab 1633 dann in der Kaisergruft beigesetzt. Die Eingeweide kamen in Urnen aus Bronze in die Katakomben und die Herzen in silbernen Urnen in die Herzgruft in der Augustinerkirche.«

»Sind die Eingeweide von Kaiserin Sisi auch hier?«, willst du wissen.

»Nein, die blieben genau wie ihr Herz in ihrem Körper. Denn als sie starb, kannte man schon bessere Methoden, um Leichen haltbar zu machen.«

Knochen über Knochen

Nun werdet ihr in die Bischofsgruft geführt. Als Letzter wurde hier Kardinal Franz König bestattet, und der Platz für den nächsten Erzbischof ist schon vorbereitet.

Früher verirrten sich nur selten Neugierige in die grausigen Tiefen unter dem Dom

So richtig unheimlich ist es auch hier nicht. Das ändert sich aber gleich, sobald ihr in den nach 1700 angelegten Teil der Katakomben weitergeht. Der Weg führt durch dunkle Gänge und Räume, die einst bis oben mit Leichen angefüllt waren. War ein Raum voll, so wurde er zugemauert, und der nächste belegt. Durch ein vergittertes Fenster ist ein Raum zu sehen, der noch immer ganz voller Knochen ist. Ein paar zerfallene Särge stehen ebenfalls darin. War das eine Pestgrube?

Brr, jetzt laufen dir aber doch kalte Schauer über den Rücken. Noch dazu riecht es überall nach Moder.

Noch im 19. Jahrhundert boten die »Krufften« einen schaurigen Anblick

Der Führer erzählt, dass um 1800 Mönche und Sträflinge hier aufräumen mussten, denn überall habe ein grauenvolles Durcheinander von durch die Luft mumifizierten, aber auch von halb und ganz verwesten Leichenresten geherrscht. Sie stapelten Knochen um Knochen zu ganzen Wänden auf, wie du sehen kannst. Danach war es sogar möglich, die »Kirchen-Krufften« zu besichtigen. Einer der Besucher war Adalbert Stifter im November 1841, der sich durch den Anblick einer mumifizierten Frauenleiche sehr bewegt zeigte:

Mit welchem Pompe mag sie einst begraben worden sein! Und in welchem Zustande liegt sie jetzt da! Bloßgegeben dem Blicke jedes Beschauers, schnöde auf die Erde niedergestellt, und unverwahrt vor rohen Händen; das Antlitz und der Körper ist wunderbar erhalten, die Züge des Gesichts sind erkennbar, die Glieder des Körpers sind da, aber die züchtige Hülle desselben ist verstaubt und zerrissen, nur einige schmutzig-schwarze Lappen liegen um die Glieder und verhüllen sie dürftig, auf einem Fuße schlottert ein schwarzer Strumpf, der andere ist nackt, die Haare liegen wirr und staubig, und die Fetzen eines schwarzen Schleiers ziehen sich seitwärts und kleben aneinander wie ein gedrehter Strick – diese Zerfetzung des Anzuges und die Unordnung, gleichsam wie eine Art Liederlichkeit, zeigte mir ins Herz schneidend die rührende Hilflosigkeit eines Toten und widersprach fürchterlich der Heiligkeit einer Leiche.

Auch die britische Romanautorin Frances Trollope und Eduard, der Bruder des Walzerkönigs Johann Strauß, schrieben ihre Eindrücke nieder.

Heute ist für Besucher nur mehr ein kleiner Teil der Katakomben zugänglich, und grauenhafte Bilder bleiben ihnen erspart. Trotzdem bist du froh, als du wieder draußen bist und frische Luft atmest.

Der Dom in Zahlen

(diese Angaben wurden von www.stephansdom.at übernommen)

Gesamtlänge: 107,2 Meter
Gesamtbreite: 34,2 Meter
Höhe der drei Chorhallen: 22,4 Meter
Höhe des Langhausmittelschiffes: 28 Meter
Höhe der Langhausseitenschiffe: 22,4 Meter

Türme

Südturm (Hoher Turm): 136,44 Meter
Nordturm: 68,3 Meter
Linker Heidenturm: 66,3 Meter
Rechter Heidenturm: 65,3 Meter

Dach

Länge: 110 Meter
Höhe: 37,85 Meter – von der Mauerkrone der Seiten-
schiffe bis zum Dachfirst
Spannweite: 35 Meter

Fundamente

Fundamente des Nordturms: zirka 4 Meter
Fundamente des Südturms: etwas kleiner

Schlüsselzahl

Die Schlüsselzahl für die Konstruktion der Stephanskirche
ist die 37. Die Frage bleibt allerdings offen, wie der pla-
nende Meister auf diese Zahl gekommen ist.
Eine Deutungsmöglichkeit ergibt sich aus dem symboli-
schen Gehalt der Zahl, ausgedrückt in römischen Zahlen-
zeichen: XXXVII.

In dem X offenbaren sich das Kreuzzeichen und Christus, in den drei XXX die Heiligste Dreifaltigkeit. Das Zeichen VII gilt als perfekte Zahl, denn VII ist die Zahl der Schöpfungstage, der Bitten des Vaterunsers, der Seligpreisungen, der Gaben des Heiligen Geistes, der Haupttugenden und Hauptsünden, der Sakramente, der Leidensstationen Jesu, der Worte am Kreuz, der Schmerzen und Freuden Mariae.

8 *Durch das Domviertel*

Ein paar Tage nach dem Katakomben-Besuch triffst du Joey dort wieder vor der kleinen Kapelle neben der Capistran-Kanzel. Joey ist heute ein schickes Mädchen mit langen Haaren. Keine Spur ist von den gewohnten Jeans und den Turnschuhen zu sehen.

»Gefalle ich dir?«, fragt Joey und dreht sich eitel rundherum. Die Beine stecken in schwarzen, mit Silber bestickten Leggins und hohen Schnürstiefeln, die weiße Lederjacke passt gut dazu. Joey hat sich sogar etwas geschminkt. »In der Nähe des Doms gibt es noch vieles, was du sehen solltest. Gehen wir?«

Joey führt dich hinter den Dom zu einem schmalen Eingang in das große Gebäude, das dem Passionsrelief gegenüber steht.

Das Deutschordenshaus

Durch einen schmalen Flur kommt ihr in einen großen, langgestreckten Hof. Es ist der Wirtschaftshof des

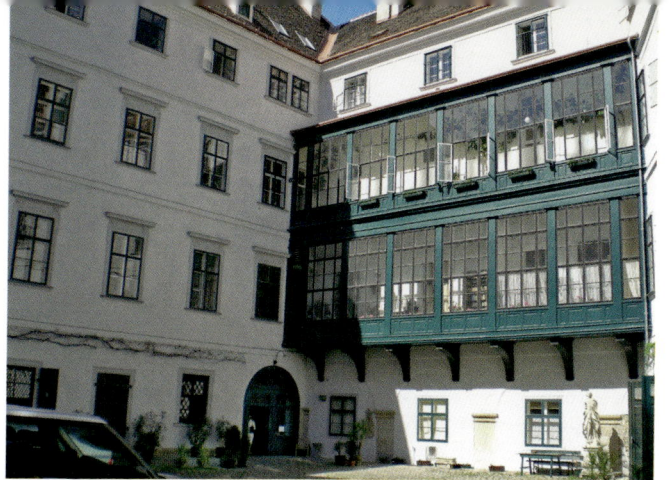

Deutschordenshauses (Stephansplatz 4, Singerstraße 7), der Sitz des Hochmeisters des
Deutschen Ordens.

Nach ein paar Schritten geht es rechts in eine breite
Durchfahrt, in der dir Joey einige Gedenktafeln der Mozart-
gemeinde zeigt, und weiter in den ersten Hof, von wo aus
ihr die Turmspitze von St. Stephan seht. Auf der gegenüberliegenden Mauer sind oben hölzerne, grün gestrichene
Pawlatschen angebracht.

»Was sind Pawlatschen?«, willst du wissen.

Joey erklärt: »Wir haben schon einige gesehen, denk an
das Griechenbeisl! Das sind außen liegende Gänge, von
denen aus man die Wohnungen betritt. So geht nichts vom
Innenraum für den Zugang verloren. Dort oben wohnte
Mozart im Alter von 25 Jahren einige Wochen lang.«

Mozart und der Erzbischof

»Mozart stand damals als Hoforganist und Kapellmeister in den
Diensten des Salzburger Erzbischofs Graf Hieronymus Collo-
redo (1732–1812), der ihn 1781 nach Wien kommen ließ. Der

junge Musiker fühlte sich hier gar nicht wohl, denn er musste sich täglich bei seinem Herrn melden, durfte nur mit dessen Kapelle musizieren und musste sogar mit der Dienerschaft essen. Bat er darum, anderswo auf eigene Rechnung konzertieren zu dürfen, so wurde ihm das meist verweigert, ebenso wie ein Urlaub.

Als ihn der Erzbischof wegen seiner ständigen Klagen nach Salzburg zurückschicken wollte, schrieb Mozart sein Abschiedsgesuch und wollte es seinem Herrn übergeben. Dieser hatte die langen Diskussionen mit seinem Kapellmeister längst satt. Graf Arco, der Oberstkämmerer des Erzbischofs und ehemalige Gönner Mozarts, verweigerte ihm den Zutritt, es kam zu einem heftigen Streit. Mozart schreibt über diese Szene an seinen Vater:

Was geht es ihn [Arco] an, wenn ich meine Entlassung haben will? So soll er mit Gründen jemand zureden, oder die Sache gehen lassen wie sie geht, aber nicht mit Flegel und Bursche herumwerfen, und einen bei der Thüre durch einen Tritt im Arsch hinaus werfen.

Im Erdgeschoss stehen zwei Fenster offen. Joey lässt dich hineinschauen: Du siehst einen hübschen kleinen Konzertsaal, die Sala terrena. Die Wände sind mit Fresken aus dem 18. Jahrhundert bedeckt. Sicher hat seinerzeit auch Mozart hier konzertiert. An den Mauern des Hofes sind einige alte Grabsteine aufgestellt.

Ihr öffnet das Tor neben dem Konzertsaal und steht in der Einfahrt. Von hier aus könnt ihr einen Blick in die Deutschordenskirche werfen oder die Schatzkammer des Ordens besichtigen.

Dann geht ihr hinaus in die Singerstraße. Der Name hat nichts mit »singen« zu tun, sondern es sollen sich hier einst Weber und Färber aus der kleinen Stadt Sünchingen bei Regensburg angesiedelt haben.

Weiter geht es nach links zum Haus Nummer 9 und in dessen Hof hinein.

Der Fähnrichhof und die Templer

Schwibbögen in der Blutgasse

Hier pflegten sich die Männer der Bürgerkompagnie des Kärntner-Viertels mit ihrer Fahne zu versammeln, was dem Hof seinen Namen gab. Er umfasst die Häuser Blutgasse Nummer 5, 7 und 9 sowie Singerstraße Nummer 9 und 11.

Sein Kern geht auf das 13., vielleicht sogar das 12. Jahrhundert zurück, er ist jedenfalls sehr alt. Joey weiß eine Menge darüber zu berichten:

»Alte Sagen erzählen, dass hier einst der Orden der Tempelritter seinen Sitz hatte, was aber nicht der Wahrheit entspricht. Ihr Quartier war nämlich dort, wo heute die Dominikanerkirche steht. Der älteste Gebäudeteil dieses Hofes dürfte für ein Nonnenkloster errichtet worden sein. Darunter erstrecken sich tiefe Keller, die man früher zur Lagerung der Vorräte und des Wassers benötigte, das vom Dach durch Rinnen hinunter in Zisternen geleitet wurde.

Schau, da vorne ist ein Kellerabgang! Einige Bewohner des Hofes wollen dort blutige Templergestalten gesehen haben. Sie glauben, die Templer hätten da unten ihre Schätze versteckt und ihre unerlösten Seelen würden diese bis heute bewachen.

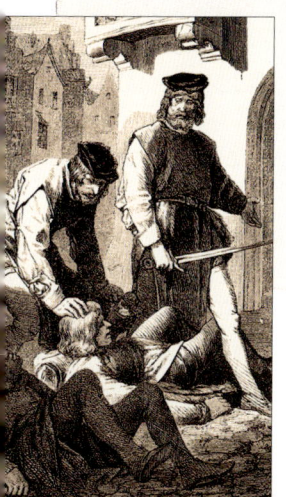

Die Ermordung zweier Anhänger König Ottokars in der Blutgasse

Der Orden wurde vom Papst im Jahre 1312 in Frankreich aufgelöst, seine Mitglieder flohen oder wurden hingerichtet. Die Habsburger verfolgten die Templer aber nicht, sondern halfen ihnen sogar. Trotzdem heißt es in Wien, es seien so viele von ihnen getötet worden, dass ihr Blut in Strömen die Blutgasse hinunterfloss.«

Die alte Platane

Eine große Platane mit einem Umfang von etwa 2,5 Metern steht etwas weiter vorne. Joey zeigt dir, dass in ihr der Rest eines Eisengitters steckt:

»Vor 250 Jahren war der Baum noch jung und schwach, man musste ihn stützen und schützen. Da holte man kurzerhand ein Gitter vom alten Stefansfreythof, der soeben aufgelassen worden war, und umgab das Bäumchen damit. Mit der Zeit wurde das Bäumchen immer größer und stärker und sprengte das Gitter, bis sein Holz es schließlich fast ganz umschloss. Wer nicht weiß, wo das Eisen steckt, dem fällt es gar nicht auf.«

Joey führt dich weiter über verschachtelte Innenhöfe, über Treppen und schmale Durchgänge, vorbei an Pawlatschen, Gewölben und kleinen Zäunen.

Die Platane im Fähnrichshof

»Als die Gebäude schon recht verfallen waren, kaufte sie die Gemeinde Wien, um sie vor dem Abbruch zu schützen. Dann wurde von 1962 bis 1965 alles renoviert, und neue Bewohner zogen ein. Lass uns in die Blutgasse hinausgehen!«

Die Gasse trägt diesen Namen erst seit 1542, vorher hieß sie Kothgässl. Vielleicht hat sich in ihm das Wort »bluot« erhalten, dann wäre hier einmal eine heidnische Opferstätte gewesen.

Oder er erinnert an die ersten Jahre der Herrschaft Rudolfs I. von Habsburg: Zwei seiner Ritter, die den Böhmenkönig Ottokar besonders hassten, sollen hier Wiener Bürgern aufgelauert haben, die dessen Anhänger waren. Sie ließen die Leichen mit den abgeschnittenen Köpfen auf der Brust an der Ecke Blutgasse/Singerstraße liegen. Rudolf soll selbst daran vorbeigekommen sein, aber zu dieser Untat geschwiegen haben.

Wie auch immer, der Name klingt jedenfalls schaurig. Ihr geht nun nach rechts weiter bis zur Domgasse.

Pawlatschenhöfe im Fähnrichshof

Das Figaro-Haus

In der Domgasse Nummer 5 befindet sich die einzige Wiener Wohnung Mozarts, die bis heute erhalten ist. Hier wohnte der Komponist mit seiner Familie von 1784 bis 1787 sehr bequem: Die Wohnung im ersten Stock besteht aus vier Zimmern, zwei Kabinetten und einer Küche. Du kannst sie besichtigen und wirst dabei viel über ihn erfahren. Seine Oper »Figaros Hochzeit« entstand hier. Einer seiner Gäste war Joseph Haydn, der ihm sehr zugetan war.

Zurück zum Stephansplatz

Durch ein Durchhaus führt der Weg nach links zum Stephansplatz. Joey zeigt dir das erzbischöfliche Palais, das dem Dom gegenüber steht. An der Stelle befand sich schon im 13. Jahrhundert das Pfarrhaus von St. Stephan. Da kennt Joey wieder eine schöne Geschichte:

»Als ein Pfarrer namens Eberhard in ganz alten Zeiten hier lebte, pflanzte er vor dem Haus ein paar Bäume. Einer davon war eine Linde, die prächtig gedieh. Jedes Frühjahr freute sich der Pfarrer über ihre duftenden Blüten und jeden Sommer über den Schatten, den sie spendete.

Als Eberhard alt geworden war und mitten im Winter sein Ende herannahen fühlte, legte er sich zum Sterben nieder. Sein größter Wunsch war es, noch einmal seine Linde zu sehen und noch einmal den Duft ihrer Blüten zu riechen. Die Menschen, die sich um ihn versammelt hatten, wandten ein, dass es doch Winter wäre. Er aber bestand darauf, ans Fenster geführt zu werden. Man öffnete es, und siehe da: Die Linde stand in voller Blüte, obwohl rundum alles tief verschneit war. Glückselig lächelnd ließ sich Eberhard zu seinem Bett zurückbringen und entschlief in Frieden.

Ein Windstoß wehte tausende Blüten zum Fenster herein, sodass der Tote ganz von ihnen bedeckt war.«

Die Virgilkapelle

Jetzt hat Joey noch eine besondere Überraschung für dich und führt dich zu der Stelle, wo einst die Magdalenenkapelle stand, die als Friedhofskapelle diente. Joey zeigt dir die roten Pflastersteine, die ihren Umriss markieren, und geht sie mit dir ab. Die Kirche brannte 1781 ab und fiel – wie die ganze Häuserzeile daneben, der Umgestaltung des Platzes unter Kaiser Joseph II. zum Opfer.

Dann weist Joey auf die weißen Pflastersteine hin:

»Als man die U-Bahn baute, entdeckte man im Jahre 1973, dass sich unter dieser Stelle noch ein Raum befinden musste. Man entfernte den Schutt daraus, und eine Kapelle kam zum Vorschein. Die weißen Steine markieren ihren Umriss. Und jetzt zeige ich dir, was man gefunden hat!«

Ihr geht hinunter in die U-Bahn-Passage, wo ihr durch ein breites Fenster in diese Kapelle hineinsehen könnt. Ihr Boden liegt in zwölf Metern Tiefe unter dem Stephansplatz.

»Das ist ja eine richtige unterirdische Kirche!«, rufst du.

»Ja«, sagt Joey, »sie hat eine Grundfläche von 60 Quadratmetern, das ist gar nicht so wenig! Siehst du die sechs Nischen mit den verblassten aufgemalten Kreuzen und den Brunnen vorne im Boden?«

Du bist noch beeindruckt von Joeys Geschichten über die Templer und fragst: »Ob das vielleicht eine Templerkirche war?«

»Das glaube ich nicht«, sagt Joey. »Der letzte Babenberger, Herzog Friedrich II., der Streitbare, hat sie vielleicht als Gruft für den heiligen Koloman bauen lassen, und ist gestorben, bevor sie fertig war. Aus dem Plan wurde also nichts. Möglicherweise wurde sie aber von der Familie Chrannest als Familiengrab angelegt, wofür sie mir aber zu groß vorkommt. Eine Kapelle dieser Familie mit einem dem heiligen Virgil geweihten Altar wird jedenfalls 1309 erwähnt, das muss aber nicht diese hier sein.«

»Schon wieder ein Geheimnis! Die ganze Stadt ist voll davon!«, rufst du.

»Da hast du Recht, und ich will dir gleich noch etwas Geheimnisvolles zeigen.« Joey führt dich hinauf und geht mit dir zur Ecke Kärntner Straße/ Stock-im-Eisen-Platz. Hier steht hinter Glas ein Stück von einem Baum, in den

Die Virgilkapelle unter dem Stephansplatz wurde erst 1973 wiederentdeckt

zahlreiche Nägel eingeschlagen sind. Ein sonderbares Ding, das mit dem Schlosser-Handwerk in Verbindung steht.

Der Stock im Eisen

Joey zieht aus der Tasche einen Doktorhut heraus und setzt ihn auf, dann kommt noch eine Brille auf die Nase. Du musst lachen, denn so eine komische Wissenschaftlerin hast du noch nie gesehen.

»Also hör mir gut zu, ich weiß nämlich genau, was das ist: die Astgabel einer Kreuzfichte, die um 1440 im Alter von etwa 27 Jahren gefällt wurde.«

»Und was ist bitte eine Kreuzfichte?«

»Eine Fichte mit zwei Wipfeln. Das Holzstück ist 219 Zentimeter lang und 75 Kilogramm schwer. Als der Baum noch lebte, haben ihn Menschen in seinem Wachstum gestört, und bereits damals wurden Nägel in ihn eingeschlagen.« Professorin Joey nimmt Hut und Brille wieder ab und lacht: »Alles klar?«

Der Stock im Eisen und der tüchtige Schlosser

»Nein, gar nichts ist klar, denn was soll das sein?«

»Jedenfalls schon wieder ein Geheimnis. Dazu gibt es die Sage vom Schlosserbuben und dem Teufel.«

»Der Schlosserbub Martin Mux war sehr faul. Zum Ärger seines Meisters trödelte er immer bei der Arbeit herum. Als er einmal einen Auftrag außerhalb der Stadtmauern auszuführen hatte, kam er erst zum Stadttor zurück, als es bereits geschlossen war.

Einen Sperrkreuzer hatte er nicht dabei. Aus Angst vor seinem Meister jammerte er: ›Ach, ich Unglückskind, ich möchte schon des Teufels werden, wenn ich nur hinein könnte!‹

Sofort stand ein winzig kleines Männchen vor ihm, mit drei Hahnenfedern auf dem Hut: ›Hihihi! Sei unbesorgt, in dem Fall bekommst du das Geld. Und nicht nur das, ich mache aus dir den tüchtigsten Schlosser der Stadt! Versprich mir aber, dass du mir gehörst, wenn du in deinem ganzen Leben auch nur an einem einzigen Sonntag nicht zur Messe gehst!‹

Das schien Martin keine schwere Bedingung zu sein, und er stimmte zu.

Am nächsten Morgen kam das Männlein in die Werkstatt und bestellte für die alte Wiener Eiche (du weißt schon, dass es sich in Wahrheit um eine Fichte handelt) einen Eisenring und ein kunstvolles Schloss. Doch weder der Meister noch sein Geselle wagten sich an das schwierige Werk.

Da sagte der Fremde: ›Das kann doch sogar euer Lehrbursche!‹

Verärgert antwortete der Meister: ›Keinesfalls! Doch wenn er es kann, mache ich ihn gleich zum Gesellen!‹

Martin ging ans Werk und war bald damit fertig. Er ging mit dem sonderbaren Kunden zur Eiche, legte den Eisenring herum und befestigte ihn an der nahen Hausmauer (unweit des heutigen Standorts), dann legte er das Schloss an. Das Männlein sperrte ab, steckte den Schlüssel ein und verschwand.

Die Wiener waren verdrossen, dass ein Fremder den Schlüssel hatte. Die Stadtväter versprachen Abhilfe: Der Schlosser, der einen zweiten Schlüssel anfertigen könne, solle Meister werden.

Martin ging wieder ans Werk, dann öffnete er in Anwesenheit der Ratsherren das Schloss mit dem neuen Schlüssel. Aus

Freude schlug er gleich einen großen Nagel in den alten Baum ein. Dann warf er den Schlüssel in die Luft, herunterfallen sah ihn keiner.

Martin wurde ein so geschickter Schlossermeister, dass er bald ein reicher Mann war.

Gewissenhaft ging er jeden Sonntag zur Messe. Eines Sonntagmorgens aber saß er schon früh im Weinkeller ›Zum Steinernen Kleeblatt‹ (im Vorgängerbau von Tuchlauben Nummer 11). Als die Turmuhr zehn Uhr schlug, wollte er zur Messe, ließ sich aber von seinen Zechkumpanen aufhalten. Als es elf schlug, ging er wieder nicht, denn es gab ja um zwölf Uhr noch eine Messe. Kurz vor zwölf lief er endlich zum Dom, doch dort war alles leer. Nur eine alte Frau war da, die ihm sagte, es sei schon ein Uhr, und die letzte Messe sei vorbei. Verzweifelt lief Martin in den Weinkeller zurück, wo ihn schon das rote Männlein erwartete:

›Du versäume die Messe nicht! Hörst du Zwölfe läuten?‹

Tatsächlich, die Alte hatte Martin angelogen. Schnell lief er wieder zum Dom. Das Männlein folgte ihm und wurde beim Gehen immer größer.

Als der Priester am Altar mit ›Ite, missa est!‹ das Ende der Messe verkündete, packte der Teufel den Martin und flog mit ihm heulend durch die Luft bis zum Rabenstein [das war eine alte Hinrichtungsstätte, heute: Schlickplatz], auf dessen Plattform er seinen zerfleischten Körper schleuderte.«

Du schüttelst den Kopf: »Das ist aber eine schreckliche Geschichte, ich glaube kein Wort davon. Welche Bedeutung hat der Baum wirklich? Du weißt das doch sicher.«

Joey erwidert: »Ganz genau weiß das niemand, denn vor 1533 wird er nirgendwo erwähnt. Möglicherweise stand er außerhalb der Stadtmauern und diente als Pranger oder als Grenzbaum. Vielleicht hat man ihn beim Herannahen der Osmanen 1529 in die Stadt gebracht, aus welchem Grund auch immer. Der Eisenring wurde erst 1575 angebracht. Er wurde von einem gewissen Hans

Puettinger angefertigt, nicht von Martin Mux.

Der Stock war zuerst vermutlich waagrecht an einem Brunnen hier in der Nähe befestigt, bevor er in die Nische des alten Hauses Nummer 88 übertragen wurde. Und obwohl er schon seit Langem als Wahrzeichen der Wiener Schlosserzunft galt, gab es den Brauch der Benagelung durch die Schlossergesellen erst seit 1715. Der letzte Nagel wurde im Jahre 1970 eingeschlagen.«

*Heute unter Glas:
Der Stock im Eisen, verziert
mit hunderten Nägeln*

Joey hält die Hand nachdenklich an die Stirn.

»Möchtest du mir heute noch etwas zeigen?«, fragst du.

»Nein, es ist genug. In der Altstadt gäbe es noch viel zu erzählen, gibt es doch keine Stelle, kein Haus ohne Geschichte. Bei unserem nächsten Treffen werde ich dir aber die Hofburg zeigen.«

Das
kaiserliche
Wien

Seit eurem letzten Spaziergang durch die Altstadt sind einige Monate vergangen, es ist wieder Sommer. Joey holt dich ab, ihr wollt heute die Hofburg besichtigen.

Die Erbauung ihres ältesten Trakts erfolgte noch unter den letzten Babenbergern, denn der alte Herzogshof (Am Hof) war baufällig geworden. Es gab viel zu wenig Platz für den Hofstaat und die Soldaten. Außerdem war er bereits rundherum von Häusern umgeben. Im Kriegsfall wäre er nicht leicht zu verteidigen gewesen.

Für den Neubau wählte man daher einen geeigneten Platz an der Stadtmauer, in noch nicht verbautem Gebiet. Die alte Residenz überließ man der herzoglichen Verwaltung und der Münze, und später dann den weißen Mönchen (Karmelitern).

»700 Jahre lang baute man an der Hofburg, heute verfügt sie über 18 Trakte mit 2600 Zimmern und weiteren

Die mittelalterliche Hofburg vor dem Umbau mit Plan (Skizze aus dem 19. Jahrhundert)

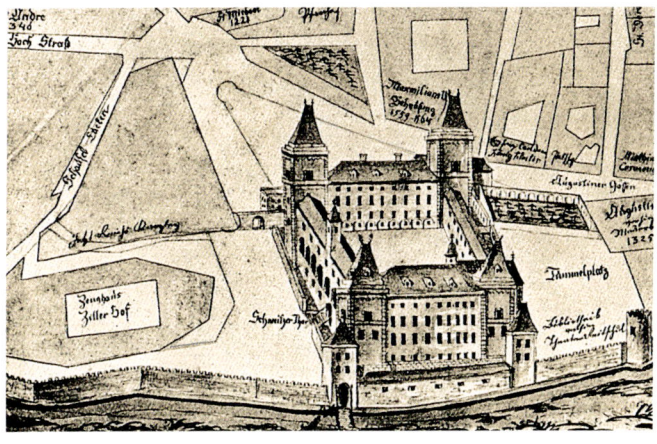

400 kleinen Räumen«, erklärt Joey, sobald ihr den Inneren Burghof betreten habt. »Lass uns wieder eine Zeitreise machen, damit du siehst, wie es hier im Mittelalter zuging!«

Der Innere Burghof

Du weißt schon, was jetzt kommt: Ein kurzes Schwindelgefühl, ein greller Lichtschein, und schon seid ihr in der Vergangenheit, im Jahre 1425, angekommen und steht mitten unter vielen Leuten vor der Burg.

Um nicht aufzufallen, tragt ihr lange Mäntel und seht wie Ministranten in der Kirche aus. Während Joey spricht, hörst du aufmerksam zu und folgst jeder Bewegung der Hände mit den Augen.

»Willkommen im Jahre 1425! Die Burg, die gar nicht mehr so neu ist, liegt auf einer kleinen Anhöhe und überragt die kleinen Häuser, die um sie herum stehen. Sie hat einen quadratischen Grundriss, und an jeder ihrer Ecken einen Turm. Der mächtigste ist der Bergfried da vorne, er bewacht und schützt den Widmer Stadtturm und das Tor, durch das eine wichtige Straße führt.«

Unzählige Menschen aus der Vorstadt strömen herein, Ochsenkarren und Kutschen fahren an der Burg vorbei in die Stadt oder aus ihr heraus, mehr oder weniger behindert durch Reiter, Dienstleute, Neugierige und aufdringliche Bettler. Oben auf der Stadtmauer versehen Bewaffnete ihren Dienst.

Joey spricht weiter: »Draußen auf der anderen Seite der Mauer sind Stadt und Burg durch den Stadtgraben geschützt. Die anderen drei Seiten der Burg sind von dem tiefen Burggraben umgeben. Wenn Gefahr droht, kann man ihn mit Wasser füllen, was aber nur sehr selten nötig ist. Daher verwendet man ihn für alle möglichen anderen Zwecke.

Schau hinunter, aber beug dich nicht zu weit vor! Da unten laufen zwei Bären herum, deren bloßer Anblick genügt, um freche Diebe oder Schaulustige vom Hinunterklettern abzuhalten.«

Die Zugbrücke ist herabgelassen, und Joey führt dich zum Burgtor und zeigt auf eine kleine Tür daneben: »Das ist das Nadelöhr, das über eine eigene kleine Zugbrücke zu erreichen ist. Sie ist schneller heruntergelassen oder hinaufgezogen als die große Brücke, die im Fall der Gefahr oben vor dem verschlossenen Tor bleibt. Durch die kleine Tür kann man die Burg dann nur einzeln und gebückt betreten. Kein Feind kann sich hier ungesehen an den Wachen vorbeischleichen. Schau, die Seile verlaufen da oben über Kugeln und Rillen.«

Jetzt steht das große Tor weit offen. Die Männer der Burgwache mustern aufmerksam jeden Eintretenden. Die inneren Mauern der Burg sind wie die Außenmauern aus Quadern oder Bruchsteinen erbaut, eine Ausnahme bilden nur einige Ställe und die Räume der Soldaten gleich links vom Tor, die aus Holz sind. So können sie im Kriegsfall leicht entfernt werden, um mehr Platz für Soldaten zu schaffen.

Der Hof ist groß genug für alle, die hier zu tun haben: für die Soldaten, die auf den Wehrgängen herumgehen müssen; für die Knechte und Mägde, die aus dem Radbrunnen, der wie die Küche und die Backstube an die Wehrmauer angebaut ist, Wasser schöpfen oder vor der Küche Gänse rupfen und die Abfälle zum Misthaufen in der Mitte schaffen; für die Stallknechte, die eines der wenigen der hier untergebrachten Handpferde des Herzogs oder die der Meldereiter striegeln und die Ställe säubern; für die Händler und Handwerker, die ihre Waren bringen oder auf Bezahlung warten; für die Hausgeistlichen auf dem Weg zur Kapelle. Welch ein Gewimmel!

Der Hof ist nicht gepflastert, Stroh, Schmutz und Kot liegen überall herum. Wer mit seinen guten Schuhen nicht hineintreten will, streift Trippen über, mit denen man allerdings leicht stolpern kann. Dann landet man erst recht im Dreck, vor allem, wenn es regnet oder der Schnee im Frühling schmilzt. Da verwandelt sich der Boden nämlich in stinkenden Morast. Ist es hingegen trocken, dann ist der Hof so staubig, dass man fast nicht atmen kann.

»Eben deshalb«, erklärt Joey, »sehen nur die Fenster der Küchen und die Räume der Bedienten und der Wachen in den Innenhof. Die Fenster der Gäste und der herzoglichen Familie aber sehen hinaus ins Freie, ins Land oder in den Garten. So bleiben die hohen Herrschaften vom Anblick des Hofes und dessen schlimmen Gerüchen verschont.«

»Au weh«, jammert da ein kleiner Bub und hält sich die rechte Wange, »immer bekomme ich Schläge, wenn der Koch schlechte Laune hat!«

»Aber dafür bekommst du gutes Essen und sitzt im Winter im Warmen!«, sagt ihm Joey.

Der Küchenjunge verzieht das Gesicht, streckt die Zunge heraus und verschwindet beim nordöstlichen Turm. Dort ist der Eingang zu den Küchen und Kellern, da riecht es nach Rauch und nach verbranntem Fleisch.

Der Kleine ist nirgendwo mehr zu sehen, also zieht dich Joey weiter zur Backstube: Da stibitzt der Gesuchte soeben ein Stück Honigkuchen. Ein Koch sieht das und stürzt mit erhobener Hand auf ihn zu. Joey stellt dem Wütenden blitzschnell ein Bein, der Bub ist gerettet und läuft über die Treppe hinauf in den Speisesaal.

Joey geht jetzt mit dir über den Hof zum Neuen Turm, doch Achtung: Fast hätte euch ein Pferd umgerannt, das auf den Pferdetummelplatz hinter der Burg (heute steht dort die Nationalbibliothek) geführt wird! Joey führt dich in den ersten Stock, wo sich die Staatsgemächer und die Räume der herzoglichen Kanzlei befinden. Wie von Geisterhand öffnet sich die Tür zu einem großen, überfüllten Raum. Was für ein Lärm!

Der unvermeidliche Kanzleidiener steht in der Mitte und häuft auf seinem Arm schriftliche Eingaben.

»Das ist aber eine bunte Gesellschaft hier!«, meint Joey. »Da in der Fensternische steht der Bürgermeister. Er kommt hierher, damit ihm nichts Neues entgeht. Der alte Mann da rechts kommt bereits zum 49. Mal, aber Herzog Albrecht (V.) hört ihn nicht an. An der Wand lehnt ein Handwerker. Er will dem Herzog eine Statue verkaufen. Die beiden Witwen auf den unbequemen Klappstühlen warten auf die Erledigung ihrer Erbschaftsangelegenheiten. Der nachlässig gekleidete Musikant mit der Fidel hofft, bei Hof unterzukommen.«

Joey zieht dich durch eine Tür in den nächsten Raum. Dort pflegt der Herzog die hochgestellten Kanzleibesucher zu empfangen. Die Holzvertäfelung ist ganz dunkel. An der Wand steht ein schwerer Schrank, verziert mit geschnitzten Spitzbögen und Figuren. Durch die kleinen, in Blei gefassten Glasscheiben der beiden Fenster fällt nur wenig Licht, die Läden sind halb geschlossen. Auf dem schweren Holztisch brennen zwei Kerzen, ein schön geschnitzter, bequemer Stuhl für den Herzog steht davor. An der Wand siehst du zwei faltbare, harte Sessel mit hohen Rückenlehnen und ohne Armstützen. Sie sind für Besucher oder Ratgeber bestimmt. Wie kalt es hier doch ist, trotz der Sommerhitze! Die dicken Mauern lassen keine Wärme herein. Der Boden ist aus Stein. Joey sagt, dass man im Winter Stroh auflegen muss und dass man den offenen Kamin mit Holz heizen kann.

Nun öffnet Joey die Tür zum Speisesaal: »Ich war beim Festmahl anlässlich des 16. Geburtstags der Herzogin Elisabeth (von Luxemburg) dabei. Vor dem Essen ließen Pagen Wasser aus Kannen über die Hände der Gäste in Schüsseln laufen. Auf der schön gedeckten Tafel standen zahlreiche Schüsseln mit Wildbret und Fischen; teure Gerichte und stark gewürzte Speisen wurden gereicht, dazu gab es Wein in silbernen und goldenen Bechern. Musik ertönte. Gaukler und fahrende Sänger sorgten für unsere Unterhaltung. Nach dem Essen gingen alle nebenan in den Tanzsaal, der über zwei Geschosse reicht. Komm mit!«

Die Wände dieser »gemahlten Stube« sind mit kunstvollen Fresken bemalt, die Holzdecke ist fein geschnitzt. Aber leider sieht man nicht viel davon, denn die Fensterläden sind alle geschlossen. Daneben liegen noch zwei kleine Räume, da kann man plaudern oder spielen. Brett- und Glücksspiele sind bei Hof ja sehr beliebt. Jetzt herrscht überall Grabesstille.

»Nur bei Festlichkeiten zeigen die Räume ihren wahren Glanz«, sagt Joey und beginnt zu schwärmen:

»Die junge Herzogin ist schöner als alle anderen Frauen, die ich je gesehen habe: Sie ist nicht besonders groß, aber schlank und zart, hat weiße Hände mit langen Fingern und Füße mit so hoch gebogenem Rist, dass sich darunter ein Vöglein verstecken könnte. Ihr Hals und Nacken sind rund und weiß, im Kinn hat sie ein Grübchen. Hinter purpurroten Lippen verbergen sich elfenbeinweiße Zähne, die Wangen sind weiß und rot, die Nase kurz, die Augen braun und scharf. Um ihr golden gelocktes Haar trägt sie ein Band von Gold, mit Edelsteinen und Perlen gewunden. Vielleicht können wir sie dann im Garten sehen.«

So poetisch hast du Joey noch nie erlebt!

Durch eine nahe Hintertür geht es nun über einen hölzernen Steg über den Burggraben in den von einer hohen Mauer umgebenen

Höfisches Tanzfest um 1420

Garten (das Fundament der Mauerecke kann man bei den Ausgrabungen auf dem Michaelerplatz sehen, die Sommerreitschule ist der Rest des Gartens), in dessen Mitte ein alter Nussbaum steht. Die Herzogin ist leider nicht zu sehen, dafür tragen Knechte Wasser und Holz zu einem kleinen Gebäude in der Ecke.

»Das ist die Badstube des Herzogs, ein Schwitzhaus. Es ist recht mühsam, Wasser und Holz dorthin zu schleppen, was den Herzog aber wohl nur wenig kümmert.«

Wieder zurück im Burghof geht es nun beim Neuen Turm über eine hölzerne Brücke über den rückwärtigen Burggraben (heute Kapellenhof) hinaus aus der Burg (zum heutigen Josefsplatz).

Falls Gefahr droht, kann man die Brücke rasch abreißen. Direkt an der Stadtmauer findet sich der Pferdetummelplatz, und zur Stadt hin liegt ein Friedhof. Joey erzählt, dass man bei großen Festen über die wenigen Gräber Laub schüttet und darüber eine Tanzlaube errichtet: Hölzerne Stützen tragen ein Dach aus Ästen, Zweigen und Blättern, von dessen Seiten Leinentücher herabhängen, die hochgezogen werden können. Der Gottesacker gehört zum gegenüberliegenden Augustinerkloster, dessen Kirche mit ihrem schönen gotischen Portal als Hofpfarrkirche dient.

»Wie hat dir unser Rundgang gefallen?«, will Joey wissen. »Lass uns nun in die Gegenwart zurückkehren.«

Gesagt, getan. Die Alte Burg verwandelt sich vor deinen Augen in ihren heutigen Zustand, du kannst ihre Entwicklung im Zeitraffertempo genau verfolgen. Joey drückt dir bei eurer Ankunft in der Gegenwart ein Blatt in die Hand: »Hier kannst du all das nachlesen, was du bei dieser Verwandlung kurz gesehen hast.«

Ihr setzt euch an einen der Tische des Cafés im Inneren Burghof und bestellt zwei Limos, denn ihr seid recht durstig geworden. Das gibt dir die Gelegenheit, das Blatt gleich zu lesen.

Eine kurze Baugeschichte der Hofburg

Gotik, Mittelalter (bis zum 15. Jahrhundert)

Kaiser Friedrich III. ließ 1447 bis 1449 die Hofburgkapelle im gotischen Stil errichten. Sie ragte damals noch weit in den Hof hinein. Er liebte die Burg nicht, weil ihn die Wiener darin belagert hatten, und brachte alle ihre Schätze nach Wiener Neustadt.

Sein Sohn Maximilian I. war selten in Wien, er ließ aber endlich den Innenhof pflastern. Ansonsten geschah im Mittelalter nicht mehr viel.

Renaissance (16./17. Jahrhundert)

Als Maximilians Enkel Ferdinand I. im Jahre 1521 als neuer Landesherr von Spanien nach Wien kam, war er nicht begeistert von der verwahrlosten Burg und ging daran, sie zu einem modernen Herrschersitz auszubauen. Der gesamte Trakt mit dem Schweizertor wurde an Stelle der alten Mauer neu errichtet, die anderen Trakte wurden in den Hof hinein vergrößert, sodass oben Arkaden entstanden. Der Brunnen wurde 1553 durch die erste Hofwasserleitung ersetzt, die in Holzrohren gesünderes Wasser von der Siebenbrunnengasse lieferte. Die Küchen und Hauswirtschaftsräume wurden aus dem inneren Bereich verbannt, der Misthaufen verschwand. Ferdinand ließ für seine Kinder an den Widmer Turm einen neuen Trakt ent-

lang der Stadtmauer anbauen. Man kann noch heute an der Fassade des Leopoldinischen Trakts erkennen, wo er endete.

Der Platz vor der Burg (heute: Innerer Burghof) wurde zum Turnierplatz umgestaltet, und auf der Gartenseite der Burg entstand ein Ballhaus (heute steht dort das Michaelertor). Der Garten wurde schön hergerichtet. Die Tafel, die sich über seinem Eingang befand, hat sich erhalten. Sie ist einige Meter links vom Schweizertor zu sehen.

Das Stallburg genannte Gebäude wurde als Residenz für den Thronfolger, den späteren Kaiser Maximilian II. errichtet, und die Hofburg wurde durch den Augustinergang mit der Hofpfarrkirche verbunden.

Der Friedhof zwischen Burg und Augustinerkloster verschwand, an die Stadtmauer wurde ein Stallgebäude angebaut (dort steht heute die Nationalbibliothek). Etwas später wurde die Cilli-Burg (heute: Amalienburg) der Hofburg gegenüber für Maximilians Thronfolger, den späteren Kaiser Rudolf II., ebenfalls umgebaut.

Ihren heutigen Namen Amalienburg bekam die Rudolfsburg im 18. Jahrhundert, weil die Kaiserinwitwe Amalia hier bis 1742 residierte. Die riesige astronomische Uhr auf dem Turm, die im 17. Jahrhundert als berühmte Sehenswürdigkeit galt, ist längst verschwunden. An sie erinnert heute nur mehr die Mondphasenuhr, die sich in 28 Tagen einmal um ihre Achse dreht. Du kannst an ihr ablesen, wie der Mond gerade steht: Bei Vollmond zeigt sie nur ihre gelbe Seite, bei Neumond nur die dunkle mit den goldenen Sternen.

Darunter ist eine Sonnenuhr angebracht, welche die Zeit genau anzeigt (allerdings nach der Winterzeit, du musst die Zeit im Sommer also um eine Stunde zurückrechnen).

Als Wetterfahne dient schon seit Jahrhunderten das »Burgrössel«, ein sich auf-

Der Innere Burghof mit dem Denkmal von Kaiser Franz I. (II.)

bäumendes Blechpferdchen. An seiner Stelle befand sich ursprünglich ein drachenähnliches Fabelwesen.

Barock (17./18. Jahrhundert)

In der Barockzeit wurde die Burg vergrößert: Unter Leopold I. entstand unter Einbeziehung des Kindertrakts an der Stadtmauer der Leopoldinische Trakt, der nach einem Brand um 1670 gleich nochmals errichtet werden musste.

Auf der Hinterseite (Josefsplatz) entstand an der Stadtmauer über dem Stallgebäude ein hölzernes Opernhaus, das glänzende Aufführungen sah, aber ebenfalls abbrannte. Daher errichtete man im rechten Winkel zu den Stallungen einen neuen Theatersaal aus Stein (heute: Redoutensäle).

Unter Karl VI. wurde an Stelle der Stallungen das Bibliotheksgebäude errichtet (heute: Nationalbibliothek). Seinen großen Plänen zur Umgestaltung des ganzen Hofburgbereichs bereitete sein früher Tod jedoch ein Ende: Das Michaelertor wurde nur zur Hälfte

Ein Turnier vor der Hofburg im Jahre 1564

fertig, Karls neuer Reichskanzleitrakt (1730) und die Winterreitschule (1735) hatten also zum Michaelerplatz hin keinen Abschluss, hier blieb das alte Ballhaus stehen.

Maria Theresia setzte die Ausbaupläne ihres Vaters nicht fort, sie machte die vorhandenen Bauten aber wohnlicher. Aus dem alten Ballhaus wurde das Burgtheater, aus den alten Theatersälen die Redoutensäle.

Klassizismus und Historismus (19. Jahrhundert)

Unter Kaiser Franz I. wurde die Stadtmauer weiter nach Süden verlegt (das Äußere Burgtor von 1824 ist ein Rest davon, es dient als Heldendenkmal), sodass außen vor der Burg ein neuer, großer Platz (der Heldenplatz) entstand. Dort ließ der Kaiser 1806 einen Festsaaltrakt im rechten Winkel an die Alte Burg anbauen, der unter seinem Enkel Kaiser Franz Joseph erweitert wurde.

Erst jetzt griff man die alten Pläne Kaiser Karls VI. wieder auf: Das Burgtheater und ein paar Häuser auf dem Michaelerplatz wurden abgerissen und das Michaelertor 1893 endlich fertiggestellt, sodass die Burg vom Michaelerplatz aus gesehen als Einheit wirkt. Auf dem Heldenplatz wurde, im rechten Winkel an den Festsaaltrakt anschließend, die Neue Burg errichtet, deren endgültige Fertigstellung der Kaiser allerdings nicht mehr erlebte. Die Republik benötigte kein Repräsentationsgebäude mehr, daher wurden Museen, Lesesäle und Bücherspeicher darin untergebracht.

»Uff«, sagst du, »das ist aber schön kompliziert. Ich werde mir das Blatt aufheben und es noch einige Male durchlesen.«

»Das ist sicher eine gute Idee, denn ich weiß das auch nicht alles auswendig.«

Die Neue Burg auf dem Heldenplatz

»Besonders spannend ist das aber nicht. Bitte erzähle mir doch, wer hier lebte!«

»Vor allem jede Menge Dienerschaft und Soldaten, die interessieren dich aber wohl nicht. Ich erzähle dir besser von den Fürsten und ihren Familien, vielleicht noch von ihren Gästen und vom Hofadel. Okay?«

Ja, genau das möchtest du hören.

Die Bewohner und Schätze der Burg

Joey geht mit dir in den Schweizerhof.

»Wer hat als Erster hier gewohnt?«

»Das ist gar nicht so leicht zu beantworten, denn bis vor Kurzem wusste man nicht einmal, wann genau die Burg erbaut wurde. Aber seit den neuesten Untersuchungen in den Jahren 2005/2006 wissen wir, dass das schon vor 1246, also noch zur Babenberger Zeit, gewesen sein muss. Man hat nämlich Mauern entdeckt, die eindeutig auf die erste Hälfte des 13. Jahrhunderts zurückgehen. Wenn vielleicht schon nicht der vermutete Gründer Leopold VI. hier wohnte, so doch zumindest sein Sohn, der letzte Babenberger Friedrich II., der Streitbare. Da er recht viele Feinde hatte, fühlte er sich hier wohl sicherer als in der alten Residenz Am Hof.«

»Feinde? Selbst hier in Wien?«

»Ja, und dazu gibt es wieder eine Geschichte:

»Der Herzog, ein genialer, aber maßloser Mensch, war schönen Frauen nicht abgeneigt. In Wien lebte damals ein Edelfräulein aus der Familie der Pottendorfer namens Brunhilde, das er entführte und hierher brachte. Die Wiener wollten schon die Burg stürmen, da seilte sich Friedrich heimlich aus einem Fenster ab und floh.

Brunhilde konnte ihm die Missetat nicht verzeihen, sie und ihre Familie dürsteten nach Rache. Als Knappe verkleidet folgte sie dem Herzog am 15. Juni 1246 in die Schlacht an der Leitha gegen die Ungarn. Als sein Pferd ausglitt und er zu Boden stürzte, war kein Helfer in der Nähe. Brunhilde nützte die Gelegenheit und stieß ihm ihr Schwert von hinten ins Herz.«

In der Geschichte steckt vielleicht ein Körnchen Wahrheit, denn die Todesumstände des Herzogs sind nicht ganz klar. Es gab schon damals Gerüchte, er sei nicht vom Feind, sondern von jemandem aus seinen eigenen Reihen ermordet worden.

»Hatte der Herzog denn keine Frau?«, willst du wissen.

»Doch, er war sogar dreimal verheiratet. Aber er behandelte seine Frauen gar nicht gut. Seine erste Ehe mit Gertrude von Braunschweig dauerte nicht lange, er soll sogar an ihrem Tod schuld sein.«

Die Sage vom Brennberger

»Ein Minnesänger namens Brennberger verehrte die schöne Herzogin über alle Maßen und sang immer und überall ihr Lob. Als der Herzog bemerkte, dass sie dem Sänger freundlich zulächelte, wurde er rasend eifersüchtig. Er ließ den Sänger im Burgverlies gefangen setzen und wenig später köpfen. Dann befahl er, ihm das Herz herausschneiden und ein leckeres Gericht daraus bereiten zu lassen. Das setzte er seiner Gemahlin vor, die es aufaß.

Es habe vorzüglich geschmeckt, antwortete sie auf seine Frage. Da enthüllte er ihr, was sie gegessen hatte. Entsetzt schwor sie, nie mehr essen und trinken zu wollen, und schloss sich in ihre Kammer ein. Zwölf Tage später war sie tot.«

»Das ist ja eine schreckliche Geschichte«, findest du schaudernd. »Ist sie wahr?«

Joey zuckt die Achseln: »Der Name der ersten Frau Friedrichs ist nicht einwandfrei belegt, sie soll aber tatsächlich bald nach der Heirat gestorben sein. Der Minnesänger Reinmar von Brennberg wurde zwar ermordet, allerdings erst 25 Jahre nach Friedrichs Tod und nicht in Wien. So mischen sich Dichtung und Wahrheit!«

Die Schatzkammer

Vom Schweizerhof aus gelangt man in eines der wichtigsten Museen Österreichs, die Schatzkammer. Du darfst sie dir auf keinen Fall entgehen lassen. Drinnen gibt es so viel zu sehen, dass du Joey bittest, dich zu den wichtigsten Schätzen zu führen.

»Gerne«, sagt Joey, »wir beginnen gleich im ersten Raum. Hier siehst du auf einem Gemälde, wie der Erzherzogshut aussieht, der im Stift Klosterneuburg aufbewahrt ist. Spannend wird es aber erst im zweiten Raum, komm weiter!«

In der Mitte funkelt eine wunderbare Krone, daneben liegen Szepter und Reichsapfel.

Die Rudolfskrone

»Das ist die Krone Kaiser Rudolfs II. aus dem Jahre 1602, sozusagen eine Privatkrone, die aber im Jahre 1804 zur österreichischen Kaiserkrone wurde. Sie besteht genau genommen aus drei Kronen: Unten ist ein Kronreif mit acht Lilienaufsätzen zu sehen, geschmückt mit acht Diamanten als Christussymbole. Darüber erhebt sich eine Art Haube, einer Bischofsmütze ähnlich, geformt aus vier Platten, auf welchen die wichtigsten Ereignisse im Leben Kaiser Rudolfs II. im Relief dargestellt sind. Sie sind von weißen Emailbändern gesäumt, auf denen du Vögel und Pflanzen siehst. Darüber ragt der Kronbügel, der schon auf den Prunkhelmen

Die Rudolfskrone,
Symbol des Kaiserreiches Österreich

der römischen Kaiser üblich war. Das soll bedeuten, dass der Kaiser weltliche und geistliche Aufgaben hatte und als Stellvertreter Gottes auf Erden regierte, denn oben sitzen ein Kreuz und darüber ein großer Saphir.«

»Wie schwer kann denn die Krone sein?«, willst du wissen.

»Sie wiegt etwa vier Kilogramm.«

»Ganz schön schwer. Nur gut, dass ich sie nicht auf meinem Kopf tragen muss!«

Die Wiege des Königs von Rom

Ein paar Räume weiter bleibt Joey vor einem riesigen silbernen Wiegenbett stehen.

»Kaiser Napoleon war mit der österreichischen Erzherzogin Marie Louise verheiratet. Als ihr Sohn geboren wurde, schenkte die Stadt Paris der Kaiserin diese Thronwiege, die aus 280 Kilogramm Silber gemacht ist. Man nannte den kleinen Prinzen ›Aiglon‹, [›kleiner Adler‹], deshalb sitzt ein solcher Vogel unten auf der Wiege und will sich zum Lorbeerkranz, der Krone seines Vaters, ganz oben auf dem Kopfende, aufschwingen. Nach Napoleons Sturz lebte der Prinz als Herzog von Reichstadt in Wien und starb im Alter von 21 Jahren im Schloss Schönbrunn.«

Ein Thron für ein Baby, von so etwas hast du bisher noch nie gehört!

Das Einhorn und der Heilige Gral

»Du kennst doch sicher das fabelhafte Einhorn. Sogar in den ›Barbie‹-Filmen kommt eines vor: ein Pferd mit einem einzigen langen Horn auf der Stirn. Es soll sehr selten und sehr scheu gewesen sein. Wer aber sein Horn besaß, der war gegen jeden Giftanschlag geschützt, was bei Herrschern sehr wichtig war. Deshalb war das Horn früher wertvoller als Gold. In Wirklichkeit handelt es sich bei dem Horn aber um den Zahn des Narwals – eines Tieres, das man bei uns nicht kannte.

Dieses hier ist fast zweieinhalb Meter lang! Der König von Polen verehrte es seinerzeit Kaiser Ferdinand I. – ein wahrhaft königliches Geschenk. Die Habsburger hielten es so hoch in Ehren, dass es weder verkauft noch verpfändet werden durfte. Dasselbe galt für die große Achatschale gleich gegenüber. Sie wurde vermutlich bei der Eroberung Konstantinopels im Jahre 1204 erbeutet und gelangte 300 Jahre später in den Besitz Kaiser Maximilians I. Sie ist aus einem einzigen Stein geschnitten, inklusive der Griffe hat sie eine Spannweite von 76 Zentimetern und wiegt etwas über 10,5 Kilogramm. Bei richtiger Beleuchtung kann man eine Schrift in der Schale wahrnehmen, die mit etwas Fantasie als der Name Christi gelesen werden kann. Deshalb hielt man die Schale für den Heiligen Gral.

Die spätrömische Achatschale gehörte zu den wertvollsten Besitztümern der Habsburger

Sicher kennst du einige Sagen, die von ihm handeln. Man sagt, er soll beim letzten Abendmahl verwendet worden sein oder man habe Christi Blut unter dem Kreuz damit aufgefangen.«

Wie spannend, das sind ja richtige Zauberdinge! Gut, dass du sie sehen darfst.

Die Krone des Heiligen Römischen Reiches

Für die Habsburger aber viel wichtiger war die Krone des Heiligen Römischen Reiches, mit der die deutschen Könige und Kaiser gekrönt wurden. Fasziniert stehst du davor und hörst, was dir Joey zu sagen hat:

»Diese Krone ist über 1000 Jahre alt. Dass sie überhaupt noch existiert, ist ein Wunder, denn sie wurde während diverser Kriege auf recht abenteuerliche Art in halb Mitteleuropa herumgeschleppt. Ihre Form ist ungewöhnlich. Sie ist nicht rund wie andere Kronen, sondern achteckig: Die Acht galt als Zahl der Vollkommenheit und Unendlichkeit – als Kaiserzahl.

Die Krone besteht aus goldenen Platten, die abwechselnd Edelsteine und Emaille-Bilder tragen. Insgesamt wurden 240 Perlen, 144 größere sowie 96 kleinere, und 120 Steine, 84 größere sowie 36 kleinere, verarbeitet. Diese Zahlen sind

Die Krone des Heiligen Römischen Reiches Deutscher Nation

durch zwölf teilbar, das war die Zahl der Apostel und der Stämme Israels.

Die Bildplatten zeigen die biblischen Könige David und Salomon, den Propheten Jesaja mit Ezechias, und Jesus mit zwei Engeln. Der Bügel ist jüngeren Datums, er trägt oben acht abgerundete Platten.

Schau genau, die Perlen formen den Namen Kaiser Konrads II., der vermutlich im Jahre 1024 mit dieser Krone gekrönt wurde. Sie wurde über einer Mitra getragen, denn sie ist ja viel zu groß, um sie direkt auf einen Kopf zu setzen. Ihr Durchmesser beträgt 22 Zentimeter, sie wiegt 3,5 Kilogramm.«

Danach zeigt dir Joey noch die Heilige Lanze, das Reichskreuz, das Reichsschwert und das Reichsevangeliar. Du bist beeindruckt und nimmst dir vor, bei Gelegenheit mehr über die Reichskleinodien zu erfahren.

Der Schatz des Ordens vom Goldenen Vlies

Vorbei an der Wappenkette des Ordens vom Goldenen Vlies führt dich Joey zum letzten Raum der Schatzkammer und zeigt dir den Messornat des Ordens – die wahrscheinlich kostbarsten Gewänder der Welt. Sie wurden im Auftrag eines Burgunderherzogs (Philipp der Gute, 1419–1467) aus Gold, Seide und Perlen in 20-jähriger Arbeit in einem französischen Kloster hergestellt, wobei diese Art der Stickerei-Technik den Mönchen vorbehalten war. Nonnen durften nur Hilfsdienste leisten.

Die nicht golden schimmernden Stellen, wie Gesichter und Hände, wurden in der Technik der Nadelmalerei aus farbigen Seidenfäden mit winzigsten Stichen gefertigt, alles Übrige wurde in der Technik der Lasurstickerei gemacht, wobei man Goldfäden mit Seidenfäden auf dem

Christusmantel,
Messornat des Ordens vom Goldenen Vlies

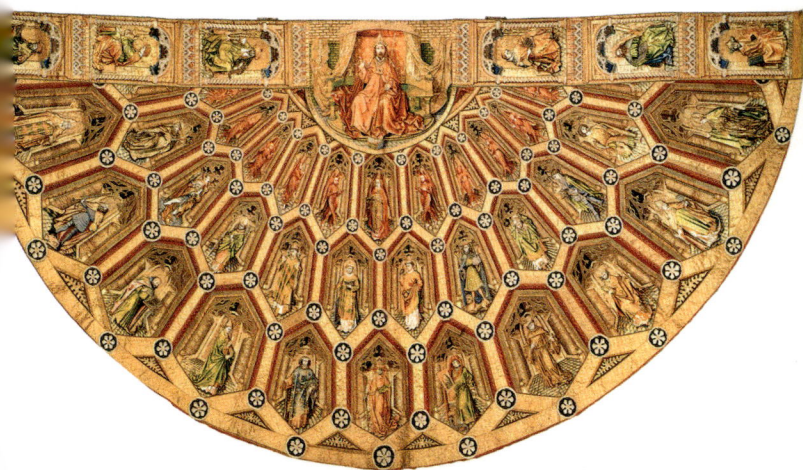

Untergrund festnähte. Dadurch entstand ein fast relief-artiger Effekt.

Du kannst dir sicher vorstellen, wie diese Messgewänder und Altarbekleidungen im Schein der Kerzen glitzerten!«

Du gehst herum und betrachtest die einzelnen Gewänder, den Christus-, Johannes- und Marienmantel, die Kleider für den Diakon, den Subdiakon und die Altarverkleidung.

Joey erzählt dir, dass die Herzöge damals viel herumreisten. Kamen sie in eine Burg, so wollten sie es dort behaglich haben. Schöne Möbel konnte man nicht auf die Reise mitnehmen. Textilien aber waren leicht zu transportieren und die Räume schnell damit geschmückt. Und schon fühlte man sich überall wie zu Hause.

Wie benommen und sehr beeindruckt von den vielen Eindrücken lässt du dich von Joey die Treppe hinunter und hinaus in den Schweizerhof führen. Dort kommen soeben einige zehn- bis 14-jährige Sängerknaben die Botschafterstiege herunter. Sie haben in der Hofburgkapelle gesungen.

Die Wiener Sängerknaben in der Hofburgkapelle

»Weshalb tragen diese Buben so komische Matrosenanzüge?«, willst du wissen.

»Zu Beginn des 20. Jahrhunderts steckten fast alle gutbürgerlichen Eltern ihre kleinen Söhne in solche Anzüge, und zwar mit kurzen Hosen. Lange Hosen trugen diese erst, wenn sie schon fast erwachsen waren«, erklärt Joey. »Heute gibt es vier Chöre zu je 24 Buben, aber als Kaiser Maximilian I. im Jahre 1498 die ersten ›Hofcapell-Singknaben‹ einstellte, waren es nur 14 bis 20 Knaben. Ihre Aufgabe war und ist es, die Messen in der Hofburgkapelle

Wiener Sängerknaben
auf der Botschafterstiege

zu gestalten. Heute geben sie auch Konzerte und gehen weltweit auf Tournee.

Sie wohnen übrigens im 2. Bezirk, im Palais Augarten, und haben dort ihre eigene Schule, ein Unterstufengymnasium, das nur sie alleine besuchen dürfen.«

Du bist neugierig: »Gibt es eigentlich auch Sängermädchen?«

»Nein. Sie dürfen sich aber um Aufnahme in das Oberstufengymnasium bewerben, wo sie Seite an Seite mit den ehemaligen Sängerknaben sitzen. Neben den üblichen Fächern werden sie musikalisch und stimmlich ausgebildet. Sicher sind künftige OpernsängerInnen dabei!«

»Jetzt möchte ich gerne noch ein paar Geschichten über die Habsburger hören«, bittest du, »vor allem über diejenigen, die einst hier im Schweizertrakt lebten.«

Geschichten über die älteren Habsburger

Der unbeliebte Herzog (König) Albrecht I.

»Im Jahr 1295 zog sich König Albrecht I. hier in der alten Burg eine schwere Vergiftung zu, und zwar durch den Genuss von Speisen, die entweder verdorben oder vergiftet waren. Letzteres glaube ich eher, denn er war sehr unbeliebt bei denjenigen Wienern, die noch immer dem Böhmenkönig Ottokar nachtrauerten. Er brach unter Krämpfen zusammen. Seine Ärzte gaben ihm abführende Mittel. Als er das Bewusstsein verlor, wurde er an beiden Beinen verkehrt aufgehängt – so sollte das Gift aus dem Körper fließen. Er überlebte diese Behandlung erstaunlicherweise, verlor dabei aber ein Auge.«

Das waren rüde Behandlungsmethoden! Du bist froh, dass es heute bessere Ärzte gibt.

»Das hat er also überlebt, wie aber ist er 1308 ums Leben gekommen?«, willst du wissen.

»Albrecht wurde von seinem eigenen Neffen Johann Parricida [›Vatermörder‹] in der Schweiz ermordet. Der Mörder entkam, soll aber in Wien auf der Freyung ›bei den Schotten am Stein‹ gesehen worden sein. Weil sein Verbrechen als besonders verabscheuungswürdig galt, machte ihn die Sage später sogar zu einem Vampir.«

»Joey, kennst du auch eine Sage über eine Prinzessin?«

»Ja freilich, eine sehr traurige sogar!«

Die blinde Prinzessin

»Es war im Mittelalter Sitte, Prinzen und Prinzessinnen in sehr jungen Jahren miteinander zu verheiraten. Als Elisabeth [Isabella] 1314 in Wien einzog, war sie noch keine 14 Jahre alt. Ihr Gatte, König Friedrich der Schöne, der älteste Sohn Albrechts I., war immerhin schon 25. Die beiden sollen einander sehr geliebt haben.

Als Friedrich von seinem Gegner, König Ludwig dem Bayern, drei Jahre lang auf der Burg Trausnitz gefangen gehalten wurde, weinte sich Isabella die Augen aus. Friedrichs Brüder sollen sie wegen ihrer ständigen Tränen und Gebete recht grob behandelt haben. Fern ihrer spanischen Heimat vermisste sie deren Kultur und Wärme, in Wien hatte sie keine Vertrauten.

Sie verkaufte alle ihre Juwelen, um ihrem unglücklichen Gatten zu helfen. Ihr Augenlicht wurde schwächer und schwächer. Obwohl ihr der Bruder, König Alfons IV. von Aragon, sogar seinen jüdischen Leibarzt schickte, erblindete sie bald völlig.

Als Friedrich schließlich zurückkam, sah er sich von seinen Brüdern von den Regierungsgeschäften ausgeschlossen und zog sich – vom Leben enttäuscht – mit ihr auf die Burg Gutenstein zurück. Dort starb er im Jahre 1330, und seine Gemahlin folgte ihm wenige Monate später ins Grab.«

»Das ist wirklich eine traurige Geschichte«, meinst du voll Mitgefühl.

Joey nickt: »Diese Mauern könnten viel über die jungen Herzoginnen erzählen, die als Kinder aus der Fremde hierherkamen und oft schon nach wenigen Jahren im Stephansdom beigesetzt wurden. Die Wiener haben sie längst vergessen.

Vielleicht ist eine von ihnen die ›Weiße Dame‹, ein Geisterwesen, deren Erscheinung vielen Habsburgern den bevorstehenden Tod angekündigt haben soll. Auch Kaiserin Elisabeth soll sie gesehen haben.«

»Ja, natürlich, zu einer richtigen Burg gehört immer ein richtiges Gespenst! Mir machst du keine Angst, ich gehöre ja nicht zu den Habsburgern!«, rufst du aus.

Joey erzählt dir nun von einem Neffen Friedrichs des Schönen, von dem du schon viel gehört hast:

»Herzog Rudolf IV. wuchs hier im Widmer Turm auf, später ließ er in seinem ehemaligen Zimmer eine Kapelle einrichten. Der ehrgeizige Fürst war mit Katharina, der Tochter Kaiser Karls IV., verheiratet. Er eiferte dem Schwiegervater in allem nach, ja suchte ihn sogar zu übertreffen. Sein größter Wunsch war es, Österreich zum Königreich zu erheben.

Der Schwiegervater aber dachte nicht daran, Rudolf bei seinen Plänen zu unterstützen – ganz im Gegenteil: Als er im Jahre 1356 die Goldene Bulle erließ, in welcher die sieben Kurfürsten bestimmt wurden, die das Recht zur Kaiserwahl hatten, ging Rudolf leer aus.

Also beschloss er, selbst für seine Rangerhöhung zu sorgen: Ein geheimnisvolles Treiben setzte in seiner Kanzlei ein, ihm vertraute Rechtsgelehrte und Schriftkundige unter den Mönchen arbeiteten Tag und Nacht. Sie nahmen das Goldsiegel vom Privilegium minus ab, mit dem Österreich im Jahre 1156 zum Herzogtum erhoben worden war. Sie schrieben die alten Texte ab und erweiterten deren Inhalt.

So entstanden fünf Urkunden, die zum Teil auf Julius Caesar und Nero zurückzugehen schienen. Österreich bekam darin ähnliche Rechte, wie sie die Kurfürstentümer hatten, und der Herzog bekam den Titel Erzherzog. Als das Werk getan war, befestigten die Fälscher das alte Goldsiegel daran und zerstörten das Privilegium minus. Der Herzog war zufrieden mit ihrer Arbeit und legte die gefälschten Dokumente seinem Schwiegervater zur Anerkennung vor.

Er hatte sich aber zu früh gefreut: Der italienische Dichter und Gelehrte Francesco Petrarca, der damals als Gesandter Mailands in Prag weilte, bekam sie zu Gesicht und erkannte sofort die Fälschung, weshalb der Kaiser das Privileg nicht bestätigte. Trotz Katharinas Versuchen, Vater und Gatten miteinander zu versöhnen, blieb deren Verhältnis in Zukunft gespannt.«

»Und was geschah mit den Urkunden?«, fragst du.

»Mehr als 100 Jahre später, im Jahre 1453, bestätigte der habsburgische Kaiser Friedrich III. das Privilegium maius, die Kaiser Rudolf II. und Karl VI. wiederholten die Bestätigung ausdrücklich.

Die Urkunden waren übrigens so hervorragend gefälscht, dass dies erst 1852 einwandfrei nachgewiesen werden konnte.«

»Das ist aber ein starkes Stück, das sich der Herzog da geleistet hat«, findest du. »Landeten in der damaligen Zeit Urkundenfälscher nicht für gewöhnlich auf dem Scheiterhaufen?«

»Das galt nur für einfache Leute. Fürsten machten die Gesetze, sie unterlagen ihnen nicht.

Doch lassen wir jetzt die alten Habsburger ruhen, ich habe dir noch viel zu zeigen!«

Das Augustinerkloster und die Hofpfarrkirche

Joey führt dich zum Kapellenhof. Du erinnerst dich an eure Zeitreise ins Jahr 1425: Hier war ein Teil des Burggrabens, und vom Chor der Burgkapelle war damals noch nichts zu sehen.

Joey zeigt dir ganz vorne in der Ecke einen Durchgang, durch den du über den Küchentrakt zum Lieferanteneingang kommst. Dieser befindet sich auf der Rückseite der Nationalbibliothek. Genau gegenüber siehst du eine andere Türe, eingelassen in ein großes Tor. Dort gehst du mit Joey hinein, einen Gang entlang und dann nach links: Du stehst im ersten Hof des Augustinerklosters.

»Schau dort hinauf, da stehen die Fenster offen. Das ist der Augustiner-Lesesaal, der seit Kaiser Joseph II. zur Nationalbibliothek gehört. Siehst du die bunten Fresken an der Decke?«

Ihr geht noch in den zweiten Hof.

»Da ist ja noch eine gotische Kapelle!«

»Das ist die Georgskapelle«, erklärt Joey. »Man kann sie nur von der Augustinerkirche aus nach der Sonntagsmesse betreten. Dabei kommt man an der Herzgruft vorbei. Schau, du erkennst die Rückseite der gewölbten Mauernische von hier aus.«

»Wieso nennt man das Gruft, wenn es gar keine ist?«

»Der Name ist einfach mit übernommen worden, als man die Herzen aus einer richtigen Gruft im Boden der Kirche entfernte und hier neu aufstellte. Gehen wir doch in die Augustinerkirche hinein!«

Die Augustinerkirche war die Hofpfarrkirche, wo jedes Mitglied der Hofgesellschaft, seinem Rang gemäß, einen Sitzplatz zugeteilt bekam. Je vornehmer eine Person war, desto weiter vorne saß sie.

»Schau, die Kirchenbänke sind hinten viel einfacher ausgeführt als weiter vorne. Die kaiserliche Familie saß dort oben, rechts vom Hochaltar hinter den zweistöckigen Fenstern, von denen du vier gut sehen kannst. Davor gibt es noch ein Fenster, dessen Front aber weiter hinten verläuft. Dort saßen der Kaiser und die Kaiserin, die auf diese Art wenigstens beim Gebet nicht im Mittelpunkt der allgemeinen Aufmerksamkeit standen.«

Blick vom Albertinaplatz zur Augustinerkirche

Joey zeigt dir jetzt im rechten Seitenschiff den Eingang, der zur Loretokapelle und zur Georgskapelle hinunterführt.

»Siehst du die kleine schwarze Türe mit den zwei Fensterchen links von der schwarzen Muttergottes? Dahinter ist die Herzgruft. Schau durch, dann siehst du die Urnen.

In der Kirche ist ein pyramidenförmiges, weißes Grabdenkmal zu sehen. Herzog Albert von Sachsen-Teschen ließ es von Antonio Canova *Für die Beste aller Ehefrauen* errichten, seine Gattin Maria Christine, die Lieblingstochter Maria Theresias. Ihr Leichnam ruht in der Kaisergruft, sie war im Alter von 56 Jahren nach dem Genuss von verdorbenem Wasser gestorben. Der trauernde Witwer spendete daraufhin das nötige Geld, damit die nach ihm benannte Albertinische Wasserleitung gebaut werden konnte, die Teile der Stadt mit gutem Wasser versorgte. Als letzter der Brunnen hat sich der Isisbrunnen am Albertplatz erhalten.«

Ihr geht nun auf den Josefsplatz hinaus, auf dem Kaiser Joseph II. wie ein römischer Kaiser auf seinem Pferd thront.

»Das hätte ihm gar nicht gefallen«, meint Joey, »er hasste solchen Prunk! Als er einmal in Linz die Messe besuchte, war für ihn ein prächtiger Betstuhl ganz vorne aufgestellt worden. Er räumte ihn eigenhändig weg, setzte sich mitten unter die Leute und sagte: ›Vor Gott sind alle Menschen gleich!‹

Und jetzt blickt er von da oben wie ein Halbgott auf alle Leute herab! Das Denkmal wurde aber erst errichtet, als er schon über 50 Jahre lang tot war. Er konnte sich also nicht dagegen wehren!«

Die Nationalbibliothek

»Das große Bibliotheksgebäude nach den Plänen von Johann Bernhard Fischer von Erlach befindet sich an jener Stelle, wo einmal der Rossetummelplatz (Pferdekoppel und Reitplatz) und später das hölzerne Opernhaus standen. Das habe ich dir schon gesagt. Kaiser Karl VI. ließ es 1722 als öffentliche Bibliothek errichten, wie die lateinische Inschrift da oben verkündet.

Darüber siehst du die Göttin der Weisheit auf einem Wagen, der den Neid und die Unwissenheit überrollt. Links und rechts davon auf dem Dach sind die goldene Erd- und die Himmelskugel zu sehen. Da der Untergrund für das enorme Gewicht des mittleren Traktes nicht fest genug war, drohte die Kuppel bald einzustürzen. Maria Theresia musste sie durch den Einbau eiserner Bänder stützen lassen.

»Lass uns in den Prunksaal hinaufgehen!«

Der Josefsplatz mit dem Prunksaaltrakt der Nationalbibliothek und dem Denkmal Kaiser Josephs II.

Gesagt, getan.

»Ist der aber riesig!«, rufst du staunend aus.

»Ja, er ist 77,7 Meter lang, 14,2 Meter breit und 19,6 Meter hoch, die Kuppel sogar 29,2 Meter. Und weil er auch als Konzertsaal gedacht war, verhalten sich seine Maße zueinander wie musikalische Intervalle. Mozart trat hier seinerzeit auf.«

Dann lässt dich Joey hinauf zur Decke schauen und erklärt: »Die barocken Fresken stammen von Daniel Gran. Das erste zeigt die kriegerische Welt. In der Kuppel siehst du die Verherrlichung Kaiser Karls VI. und den Bau der Bibliothek, und auf der anderen Seite den himmlischen Frieden.

Magst du schätzen, wie viele Bücher hier untergebracht sind?«

Das ist schwierig, aber du versuchst dein Glück: »Vielleicht 100.000?«

»Nein, doppelt so viele. Allein im Kuppelraum stehen schon 15.000: die Büchersammlung des Prinzen Eugen.«

Dann zeigt dir Joey, dass man einige Regale öffnen kann. Dahinter sind kleine Studierstuben verborgen. Zum Schluss geht ihr noch zur Statue Kaiser Karls VI. in der Mitte. Joey erzählt:

Kaiser Karl VI. und das Hofzeremoniell

»Karl war mittelgroß und untersetzt. Sein Gesicht war nicht gerade schön, aber mit seinen prunkvollen Kleidern bot er doch einen majestätischen Anblick. Seine Schuhe mit den großen Schnallen, Maschen und hohen, zinnoberroten Absätzen ließen ihn größer erscheinen, als er war. Er trug natürlich eine Perücke, wie das damals so üblich war.

Man sagt, dass er ziemlich steif und humorlos war. Das ist kein Wunder, denn alles in seinem Leben war schon im Voraus geordnet und festgelegt, wie es dem spanischen Hofzeremoniell entsprach. Das galt auch für sein Privatleben und selbst für seine Unterhaltungen. Nichts, aber schon gar nichts, blieb dem Zufall überlassen. Für jeden Schritt und jede Bewegung gab es Regeln. Das war sicher lästig, und darum hielt er sich gern in seinen Lust- und Jagdschlössern auf, wo er wesentlich freier war. Da zeigte er sich von einer ganz anderen Seite.

Als er einmal auf der Jagd einen Hirsch geschossen hatte, lobte ein Vertrauter den guten Schuss und meinte: ›War g'scheiter, Majestät wären a Jaga word'n.‹

Karl erwiderte in breitem Wiener Dialekt: ›Na, na, i hab ja so a no z'leben.‹

Sein größter Kummer war es, dass er keinen Sohn und Erben hatte, daher erließ er die Pragmatische Sanktion, welche die Nachfolge seiner Tochter Maria Theresia sichern sollte.«

Wieder draußen, führt dich Joey hinüber zur Stallburg. Wie schön, da werden gerade ein paar Pferde über die Straße in die Winterreitschule zum Morgentraining geführt!

Die Spanische Reitschule

»Da sind ja die Lipizzaner der Spanischen Reitschule!« Von denen hast du schon gehört. »Kommen die aus Spanien?«, fragst du.

»Nein, aus Piber in der Steiermark, dort werden sie gezüchtet. Aber Ferdinand I. nahm im 16. Jahrhundert Andalusier aus Spanien nach Wien mit, und lange Zeit waren Spanier für die Ausbildung der Pferde zuständig. Die Mitglieder der kaiserlichen Familie wurden ebenfalls von ihnen in der Reitkunst unterrichtet.«

»Schau, da hinten steht ein Pferd, das ganz grau ist!«, stellst du fest.

»Das ist ein junger Hengst. Die Lipizzaner sind ganz

dunkel, wenn sie auf die Welt kommen. Sie werden erst im Alter von etwa vier Jahren schön weiß.

Die Winterreitschule ließ übrigens auch Kaiser Karl VI. errichten. Sein Bild hängt dort in der Hofloge. Wenn die Bereiter hoch zu Ross hineinkommen, dann grüßen sie noch immer ihn, und nicht das Publikum.«

»Hat Karl sonst noch etwas in der Hofburg bauen lassen?«, willst du wissen.

»Ja, komm, gehen wir über

Ein freundlicher Lipizzaner auf dem Weg in die Stallburg

den Michaelerplatz zurück in den Inneren Burghof, da kannst du seinen Reichskanzleitrakt sehen. Zwischen diesem und der Winterreitschule stand aber noch bis 1893 das alte Burgtheater. Du kannst das auf dem Blatt nachlesen, das ich dir vorhin gegeben habe.«

Auf eurem Weg durchs Michaelertor zeigt dir Joey auf der linken Seite ein vergittertes Fenster: »Schau nach oben, da siehst du Theatermasken. Da war einmal ein Eingang ins Theater. Mehr ist nicht davon übrig.«

Ihr geht weiter und Joey erzählt von den großen Festen, die unter Kaiser Leopold I. auf dem Inneren Burghof gefeiert wurden. Besonders beliebt waren die Tanzvorführungen der Pferde, die Rosseballette.

Dann sagt Joey: »Ich könnte dich hier noch tagelang herumführen, es gäbe noch sehr viel zu erzählen. Von den Habsburgern, ihren Wohn- und Arbeitsräumen, den Kanzleien, den unterirdischen Gängen und Kellern, wie dem

Weinkeller mit dem großen Fass, der Silberkammer, den Kapellen und der Hofpfarrkirche. Das muss aber warten, denn sonst sind wir übermorgen noch da.«

Und so erklärt dir Joey zum Schluss nur noch das Schweizertor:

Das Schweizertor

»Das Tor wurde im Auftrag von Ferdinand I. um 1552/53 errichtet, und deshalb kannst du darüber seinen Namen und seine Titel lesen. Der Titel »Kaiser« ist nicht dabei, denn diesen trug zu der Zeit noch sein Bruder Karl V.

Seit Kurzem wissen wir, dass das Renaissance-Portal damals gar nicht bemalt war, sondern die Eigenfarbe des Steins zur Geltung kam, der aus Dornbach stammte: ein kühles Blaugrau mit Vergoldungen. Die rot-dunkelgraue Bemalung wurde erst um 1700 angebracht.

Aus der Renaissance stammen jedoch die bunten Fresken im Durchgang. Sie zeigen die Wappen der habsburgischen Länder.«

Du unterbrichst Joey: »Wieso nennt man das Tor denn Schweizer Tor? Das hat doch gar nichts mit der Schweiz zu tun!«

»Viel hat es nicht damit zu tun, ein wenig aber doch: Maria Theresias Gemahl, Kaiser Franz I. Stephan, hatte nicht das Recht, ihre königlichen und erzherzoglichen Garden für sich in Anspruch zu nehmen, daher engagierte er eine Schweizer Garde, so wie der Papst ja noch heute eine hat. Da sie hier ihren Dienst versah, bürgerte sich der Name eben ein.«

Bevor ihr den Hof betretet, zeigt dir Joey rechts innen am Tor einige eingravierte Worte und eine Jahreszahl: *Si deus pro nobis quis contra nos, 1660.*

»Was bedeutet das?«, willst du wissen.

»Das heißt: *Wenn Gott mit uns ist, wer kann gegen uns sein.* Der Spruch stammt aus dem Brief des Apostels Paulus an die Römer. Wer ihn hier eingemeißelt hat, und warum, das wird wohl immer ein Geheimnis bleiben.«

Joey weist dich darauf hin, dass es seit einigen Jahren das Hofburg-Projekt der Akademie der Wissenschaften gibt. So kommen immer wieder bisher unbekannte Tatsachen ans Licht, mehr und mehr Geheimnisse der Hofburg werden enthüllt. Du darfst gespannt auf die weiteren Erkenntnisse sein.

Bevor du dich von Joey trennst, verabredet ihr euch für den nächsten Tag.

»Da wollen wir dann die Ringstraße entlang wandern, wo es sehr viel zu sehen gibt. Treffen wir einander beim Radetzky-Denkmal?«

Die Ringstraße 10

»Schön, dich zu sehen!«, ruft Joey schon von Weitem und pfeift gut gelaunt ein Lied, das du kennst: den »Radetzkymarsch« von Johann Strauß Vater.

Das Denkmal des Feldmarschalls Radetzky

Beim Denkmal angekommen sagt Joey: »Papa Radetzky [Feldmarschall Johann Joseph Wenzel Graf Radetzky, 1766–1858] hat sich das Denkmal wahrlich verdient. Er war schon zu Lebzeiten eine Legende.

Stell dir vor, er war 72 Jahre lang bei der Armee und machte unter insgesamt fünf Kaisern 17 Feldzüge mit.

Das ehemalige Kriegs-
ministerium mit dem
Reiterdenkmal Feld-
marschall Radetzkys

Dafür erhielt er 146 Orden! Das sind
gleich eine Menge Rekorde auf einmal.
Wir sind aber nicht seinetwegen hierher gekommen, sondern wegen der Ringstraße.«

Das Denkmal steht vor dem jüngsten Gebäude der Ring-
straßenzeit, dem Kriegsministerium, das erst 1913 fertig
wurde, aber noch im bereits veralteten Stil des Historismus
erbaut ist. Daneben befindet sich das etwas ältere MAK,
das Museum für angewandte Kunst. Gegenüber siehst du
das Postsparkassengebäude von Otto Wagner, das zwar aus
derselben Zeit wie das Ministerium stammt, jedoch schon
weit moderner aussieht (Jugendstil).

Du bist neugierig: »Wie lang ist die Ringstraße eigentlich?«

»5,2 Kilometer mitsamt dem Franz-Josefs-Kai. Wir können die Innenstadt also ganz leicht auf ihr umrunden. Das dauert mit kleinen Pausen keine zwei Stunden«, antwortet Joey. »Hast du schon gewusst, dass die Straße an Stelle des alten Stadtgrabens gebaut wurde?

Wien war im Mittelalter von einer mächtigen Ringmauer von 4,5 Kilometern Länge umgeben, die zwei bis drei Meter breit und sechs Meter hoch war. Sie sah genau so aus, wie man sich eine Stadtmauer vorstellt und wie man sie in Ritterfilmen sieht: mit einem hölzernen Wehrgang, Zinnen, Pechnasen, Schießscharten und Erker. Anfangs gab es nur fünf Tortürme, von denen jeder ungefähr 22 Meter hoch war, später kamen noch weitere dazu.

Komm mit, ich zeige dir, was man 1985 noch vom Stubentor gefunden hat.«

Vom Dr.-Karl-Lueger-Platz führt eine Treppe an der alten Mauer entlang hinunter zur U-Bahn-Station. Oben steht ein kleines Modell von Wien, da kann dir Joey gut erklären, wie die Stadt einst ausgesehen hat.

»Diese Mauern stammen aus der Babenbergerzeit. Sie waren so gut und fest gebaut, dass sie bis zum Ansturm der Osmanen hielten«, erklärt Joey. »Aber im Jahre 1529 hätte nicht viel gefehlt, und die Stadt wäre erobert worden. Danach musste man die Mauern ausbessern und verstärken. Die mittelalterlichen Mauertürme wurden zu zehn Bastionen umgebaut, die man in Wien Basteien nennt. Nach dem Dreißigjährigen Krieg wurden dazwischen noch zusätzlich Ravelins gebaut, die ›Schanzln‹, und innen hinter den Bastionen erhöhte Kavaliere, die ›Katzen‹, auf denen Geschütze standen.

Stell dir die Festung Wien vor wie einen dicken Ring um die Altstadt, bestehend aus Bastionen und Ravelins. Vor den Mauern aber lag ein zehn Meter breiter Stadtgraben, über den Holzbrücken führten. Sie konnten jederzeit leicht abgebrochen werden. Einige Tore waren noch zusätzlich durch ein zweites Bauwerk verstärkt, den ›Zwinger‹.

Komm mit, ich zeige dir am Ende der Wollzeile die roten Markierungen im Straßenpflaster. Sie geben den Umriss des Tores an.«

»Die Stadt muss ja einen großartigen Anblick geboten haben. Ist es nicht schade, dass es die Mauern nicht mehr gibt?«, überlegst du.

»Schon, und derselben Meinung waren viele Wiener, als Kaiser Franz Joseph am 20. Dezember 1857 den Befehl zu ihrem Abbruch gab. Nur ein paar Reste blieben stehen, die man noch sehen kann, und zwar von den Mauern der Dominikaner-, Coburg-, Augustiner- und Mölker Bastei.

Die Abbrucharbeiten dauerten 16 Jahre. Aber dadurch wurden die anderen Bezirke erst mit der Stadt verbunden. Der Bau der Ringstraße mit ihren vielen berühmten Gebäuden wurde dadurch ermöglicht. Und ist sie nicht auch großartig?«

Das ist wahr, wie du zugeben musst. Joey nimmt dich an der Hand und führt dich über den Ring zum Stadtpark hinüber.

Der Stadtpark

Joey erzählt dir, dass es außerhalb der Festungsanlagen rund um die Stadt eine freie Fläche gab, die man Glacis nannte.

Hier durfte nicht gebaut werden und die

Das »Wienportal« im Stadtpark

Bäume durften nicht zu hoch wachsen, um die Verteidigung der Stadt nicht zu behindern. Dieser Streifen war ursprünglich nur 95 Meter breit, wurde aber bis zum Jahre 1683 auf 450 Meter Breite vergrößert.

»Du hättest also etwa fünf Minuten gebraucht, um von einem Stadttor aus zuerst über den Stadtgraben und dann über das Glacis bis zur Vorstadt zu gehen. Der Stadtpark ist der letzte Rest vom Wasserglacis, die Stadt konnte ihn vor der allgemeinen Bauwut nach dem Abriss der Stadtmauern retten und als Grünfläche erhalten.

Komm, wir wollen uns ein bisschen hier umsehen. Es gibt viele Denkmäler. Das bekannteste ist das von Johann Strauß Sohn. Seine

Der Walzerkönig Johann Strauß Sohn spielt im Stadtpark auf

Der Stadtpark blieb als Rest des Wasserglacis erhalten

vergoldete Figur mit der Geige steht unter einem Marmorbogen.«

Die Enten auf dem Teich sollten nicht gefüttert werden, nur hält sich halt leider niemand daran. Auch die Stadtpark-Tauben werden immer fetter.

Der Schwarzenbergplatz

Ihr geht weiter bis zum Schwarzenbergplatz, wo dir Joey das Denkmal des Feldmarschalls Karl Philipp Fürst zu Schwarzenberg (1771–1820) zeigt, der in der Völkerschlacht bei Leipzig im Jahre 1813 die Hauptarmee befehligte und Napoleon besiegte.

Dann zeigt Joey mit der Hand zum anderen Ende des Platzes: »Dort hinten steht das Denkmal der Roten Armee, die 1945 Wien eingenommen hat. Österreich hat sich 1955 im Staatsvertrag verpflichtet, es zu erhalten. Man sieht es nicht gut, denn davor steht der Hochstrahlbrunnen, der abends in wechselnden Farben leuchtet.«

»Da steht ja ein Hotel. Das Imperial! Das sieht aber vornehm aus. Wer steigt denn hier ab? Doch sicher keine armen Leute.«

»Es hat schon sehr hohe Gäste beherbergt, darunter die englische Königin Elisabeth II., den spanischen König Juan Carlos, den japanischen Kaiser Akihito, Politiker wie Otto Bismarck, Künstler wie Richard Wagner, Walt Disney, Alfred Hitchcock, Mariah Carey, Michael Jackson und – einen gewissen Adolf Hitler.«

Dir tun die Füße weh, da hast du einen Einfall: »Sag, können wir nicht ein Stück mit der Bim (Straßenbahn) fahren? Da steht gerade ein Zug neben uns.«

Eine gute Idee! Ihr steigt ein und nach einer Station wieder aus. So habt ihr euch mindestens einen Fußmarsch von fünf Minuten Dauer erspart.

Die Staatsoper

Beim Aussteigen fällt dir gleich ein riesiges Gebäude ins Auge: die Wiener Staatsoper.

Joey erklärt: »Das war das erste öffentliche Gebäude, das an der Ringstraße entstand. Die Oper wurde am 25. Mai 1869 mit einer Premiere von Mozarts ›Don Giovanni‹ eröffnet. Gefallen hat das Operngebäude den Leuten damals nicht, man kritisierte es als ›versunkene Kiste‹ oder ›Bahnhofsgebäude‹.

Was glaubst du, woher der Kaiser das Geld für den Bau der Oper und der anderen Prachtbauten nahm?«

Du denkst darüber nach, kommst aber nicht dahinter.

»Die Befestigungen waren Eigentum des Kaisers beziehungsweise der Regierung, daher gehörten ihr das ganze nun durch den Abriss entstandene staubige Areal und das

Glacis. Um die Grundstücke zu verwerten, wurde der Stadterweiterungsfonds geschaffen, der den größten Teil davon stückweise an Privatleute verkaufte, vom Kaiserbruder bis zum jüdischen Bankier. Um die Einnahmen konnte man schon einiges bauen.«

Die Wiener Oper ist eines der bekanntesten Opernhäuser der Welt. Hast du schon einmal eine Opernaufführung erlebt? Oder eine im Fernsehen betrachtet? Knapp vor Vorstellungsbeginn kannst du hier mit etwas Glück sehr billige Karten bekommen. Am wenigsten kosten die Stehplätze, besonders die oben auf der Galerie.

Viele Kinder kommen das erste Mal in die Oper, wenn die »Zauberflöte« von Mozart gespielt wird, denn sie ist recht lustig – und es wird deutsch gesungen. Das ist bei vielen anderen Opern nämlich nicht der Fall, sie werden in der Originalsprache gesungen. Das hat der ehemalige Staatsoperndirektor und Dirigent Herbert von Karajan vor Jahrzehnten so eingeführt, und man hat es seither nicht geändert. Ballettaufführungen werden ebenfalls veranstaltet, und natürlich einmal im Jahr der Opernball.

Die Oper wurde im Zweiten Weltkrieg schwer beschädigt. Nach ihrem Wiederaufbau wurde sie im November 1955 mit der Freiheitsoper »Fidelio«

Alte Ansicht der Staatsoper

von Beethoven neu eröffnet, denn Österreich war durch den Staatsvertrag soeben
frei von den Besatzungsmächten geworden.

*Der Zuschauer-
raum der Staatsoper
im Jahre 1869*

Geh einmal bei einer Führung in der Oper mit, da siehst du
auch die Bühne und die Bühnentechnik!

Weiter geht es, vorbei am Denkmal des Dichters Johann
Wolfgang von Goethe, dem gegenüber auf einem Platz das
Denkmal Friedrich Schillers steht, und am Burggarten mit
Mozarts Denkmal entlang bis zum Heldentor.

Die Eröffnung der Ringstraße

»Der Kaiser eröffnete die 57 Meter breite Ringstraße schon
am 1. Mai 1865, bevor noch die Oper stand«, sagt Joey.
»Vor dem Äußeren Burgtor waren Tribünen errichtet worden, geschmückt mit Blumen und Fahnen, und viele weiß
gekleidete Kinder waren als Aufputz mit dabei. Sogar Kaiserin Elisabeth war anwesend, obwohl sie sich nur ungern
öffentlich zeigte. Und natürlich war der ganze Hofstaat
gekommen, allen voran die zahlreichen Erzherzöge und
Erzherzoginnen. Auch alle Minister und höchsten Beam-

233

Der Heldenplatz: Reiter-standbild Erzherzog Carls und Leopoldinischer Trakt

ten waren da, genau wie die Vertreter der Stadt Wien mit Bürgermeister Andreas Zelinka an der Spitze.

Weißt du, das Äußere Burgtor war ja sozusagen der Mittelpunkt der Ringstraße – der Platz, auf dem Kaiserhof und Volk aufeinandertrafen.

Nachdem einige feierliche Reden überstanden waren, nahmen die wichtigsten Festgäste in mehr als 100 Kutschen Platz, die sich zu einem langen Zug formierten und zum Prater fuhren. Dort war die Tafel für alle gedeckt.«

Die Ringstraße wurde bald zur wichtigsten Straße von Wien, sie dient seit damals als Schauplatz für festliche oder politische Umzüge. Der 1879 vom Maler Hans Makart zu Ehren der Silberhochzeit des Kaiserpaares gestaltete Festzug führte ebenso hier entlang wie der Festzug zum 60-jährigen Kaiserjubiläum und die Heeresparaden der Monarchie.

Die Straße erlebte aber auch Wahlrechtsdemonstrationen, Arbeitslosenkundgebungen, Trauerzüge bei Staatsbegräbnissen und Maiaufmärsche. Hitler fuhr am 15. März 1938 ebenfalls über die Ringstraße zum Heldenplatz.

Heute herrscht hier reger Autoverkehr. Fiaker und Touristenbusse zuckeln im Schneckentempo über den Ring, die Teilnehmer des City Marathons laufen ihn entlang, und die Regenbogenparade sorgt einmal im Jahr für bunte Bilder.

Das Kaiserforum

Joey erzählt dir, dass das Areal vor der Hofburg quer zur Ringstraße zu einem großartigen Kaiserforum hätte ausgebaut werden sollen, um die Macht und die Größe der Monarchie zu betonen.

»Ihr Glanz war aber schon am Verlöschen, und so wurde nicht alles gebaut. Komm mit auf den Heldenplatz!«

Joey führt dich ein paar Stufen hoch zum Eingang der Neuen Burg: »Genau gegenüber, vor dem Volksgarten, war ein zweiter Flügel für die Neue Burg geplant. Da aber nicht einmal der erste bis zum Ersten Weltkrieg fertig war, dachte niemand mehr an ihn. Ein Glück für diesen Platz, denn sonst hätte man von hier aus nicht so einen schönen Ausblick!«

Joey zeigt dir von rechts nach links den Festsaal- und den Leopoldinischen Trakt der Hofburg, den Turm der Minoritenkirche, das Burgtheater, den Volksgarten, das Rathaus, das Parlament und die Museen.

»Die beiden Reiterdenkmäler auf dem Platz stammen von Anton Fernkorn. Da sitzen zwei große österreichische Helden auf Lipizzaner-Hengsten, Prinz Eugen von Savoyen und Erzherzog Karl. Sie sollten die militärische Macht der Monarchie betonen.«

Dann erklärt dir Joey, dass quer über die Ringstraße zwei Torbauten hinüber zu den beiden Museen geplant waren, die nicht ganz nach dem ursprünglichen Plan ausfielen.

Das Kunsthistorische Museum beherbergt unter anderem die Kunstkammer und die Gemäldegalerie

Den Abschluss des Forums bildet das langgestreckte Gebäude der Hofstallungen dahinter, das aus der Zeit Kaiser Karls VI. stammt (heute Museums-Quartier).

Joey führt dich hinüber zum Denkmal Maria Theresias: »Ihre sitzende Figur ist sechs Meter hoch. Sie trägt keine Krone, denn sie war ja Herrscherin über zwölf Völker, die sie mit der Rechten grüßt. Unter ihr siehst du an den vier Ecken ihre wichtigsten Feldmarschälle hoch zu Ross, auf den vier Seiten die Statuen ihrer wichtigsten Berater, und dahinter auf den Reliefs noch weitere Soldaten, Juristen, Künstler und Wissenschaftler.

Alleine die Bronzefiguren sind schon 44 Tonnen schwer. Das Denkmal steht seit 1888 hier, es wurde von Caspar Zumbusch geschaffen und ist insgesamt 20 Meter hoch.«

Du darfst nicht versäumen, den Museen ein oder mehrere Besuche abzustatten. Besonders spannend ist das Naturhistorische Museum mit den schrecklichen Sauriern. Die Waffensammlung in der Neuen Burg wird dir ebenfalls gefallen, da sind jede Menge Rüstungen und alte Waffen ausgestellt. Für Musikfans ist die Sammlung alter

Maria Theresia trägt keine Krone, sie hält Szepter und Pragmatische Sanktion

Musikinstrumente sehenswert. Ferner befinden sich in der Neuen Burg noch das Ephesos-Museum und das Völkerkunde-Museum.

Von allen Sammlungen der Habsburger die schönste ist vielleicht die Kunstkammer im Kunsthistorischen Museum, wo du alte Uhren, Automaten und sogar geheimnisvolle, magische Gegenstände entdecken kannst. Die Gemäldesammlung solltest du ebenfalls besuchen, und auch das MuseumsQuartier hat dir einiges zu bieten (das ZOOM Kindermuseum und das DSCHUN-GEL WIEN Theaterhaus für junges Publikum).

Das Naturhistorische Museum ist bei Kids wegen der Saurierausstellung besonders beliebt

Das Parlament

Ein paar Schritte weiter vorne kommt ihr zum Parlament, das 1883 noch als Reichsratsgebäude eröffnet wurde. Deshalb sind auf dem Giebel die 14 damaligen Kronländer symbolisch dargestellt. Da die Demokratie in Griechenland in der Antike erfunden wurde, wählte man für die Volksvertretung den griechisch-römischen Baustil. Der Architekt war Theophil Hansen. Auf dem Dach stehen Statuen berühmter antiker Philosophen, Dichter und Politiker.

Joey berichtet: »Vor dem Parlament spielten sich oft Massenaufläufe ab. Am 12. November 1918 wurde von den Stufen dort oben die Republik Deutschösterreich ausgerufen. Seit 1920 tagen hier der National- und der Bundesrat. Unten an der Auffahrtsrampe siehst du links und rechts Rossebändiger: Wie diese Männer die Pferde bändigen, genau so müssen die Abgeordneten ihre persönlichen Gefühle bändigen, um zu einer guten Zusammenarbeit fähig zu sein.«

Dann erklärt dir Joey noch den Pallas-Athene-Brunnen vor dem Parlament: Oben steht die Statue der Göttin der Weisheit, darunter sind die vier wichtigsten Flüsse der Monarchie dargestellt: Donau, Inn, Moldau und Elbe.

Das Parlament mit dem Brunnen der Pallas Athene

Das 1883 fertiggestellte Rathaus wurde im neugotischen Stil nach den Plänen Friedrich von Schmidts erbaut. Es ist der Sitz des Wiener Bürgermeisters und des Gemeinderates (die seit 1922 gleichzeitig Landeshauptmann und Landtag von Wien sind), der Wiener Landesregierung und zahlreicher Ämter. Der Turm ist zusammen mit dem Rathausmann 103,3 Meter hoch.

Joey sagt lachend: »Es heißt, dass der Rathausmann in warmen Vollmondnächten herabsteigt und mit dem Donauweibchen durch den Rathauspark tanzt. Hoffentlich steigt er ihr nicht auf die Flossen mit seinen Schuhen Größe 63!

Möchtest du raten, wie viele Fenster das Rathaus hat?« Joey gibt die Antwort gleich selbst: »Es sind 2035 Fenster! Für 1575 Räume sind das aber gar nicht viele.«

Abgesehen von den vielen Büroräumen und Sitzungssälen gibt es innen einen schönen, großen Festsaal, wo unter anderem Bälle stattfinden.

»Unten ist der Rathauskeller, er ist für Kinder sehr interessant: Denn im Rittersaal zeigen Wandmalereien die Geschichte von Wien. Der Grinzinger Keller enthält ein Tausendeimer-Fass (ein österreichischer Eimer entspricht zirka 60 Litern; ein bayerischer Eimer entspricht zirka 70 Litern), und im Augustiner-Stüberl und dem Ratsherrenstüberl kannst du Bilder von den Wiener Sagen sehen.«

Joey zeigt dir noch die Statuen auf dem Rathausplatz,

Das neue Rathaus im Frühling

die seinerzeit auf der Elisabethbrücke (die heute nicht mehr existiert; heute: Karlsplatz) standen: Sie zeigen Markgraf Heinrich II. Jasomirgott; Herzog Rudolf IV., den Stifter; Ernst Rüdiger von Starhemberg, 1683 Verteidiger Wiens; und Johann Bernhard Fischer von Erlach, den Barock-Architekten. Ihnen gegenüber stehen Herzog Leopold VI., der Glorreiche; Niklas Graf Salm, 1529 Verteidiger Wiens; Erzbischof Leopold Karl von Kollonitsch, 1683 Verteidiger Wiens; Joseph von Sonnenfels, Berater Maria Theresias.

»Auf dem Rathausplatz ist immer etwas los! Vor Weihnachten der Weihnachtsmarkt, danach der Wiener Eistraum, im Mai der Life Ball und der Kirtag, im Sommer das Filmfestival sowie das Sommerkino, und vieles andere.«

Das Burgtheater

»Lass uns jetzt zum Burgtheater gehen!«, schlägt Joey vor.

»Wieso Burg? Das ist doch keine Burg, und ein Teil der Hofburg ist es auch nicht!«, rufst du aus.

Joey kennt die Antwort: »Das alte Burgtheater war ein Teil der Hofburg. Es stand am Michaelerplatz und wurde abgerissen, als das neue Haus hier fertig war. Alle, von den Schauspielern bis zu den Bühnenarbeitern, übersiedelten hierher, und der Name Burgtheater mit ihnen.

Das neue Theater wurde am 14. Oktober 1888 mit Grillparzers ›Esther‹ und Schillers ›Wallensteins Lager‹ eröffnet. Schau, über dem Eingang steht noch immer ›K(aiserlich). k(önigliches) Hofburgtheater.‹«

Die Architekten waren Gottfried Semper und Carl Hasenauer, die auch die Neue Burg und die Museen bauten. Das Theater passt äußerlich gut dazu. Gustav Klimt, sein

weniger berühmter Bruder Ernst
Klimt und Franz Matsch sorgten für
die Deckengemälde, von denen Kai-

ser Franz Joseph begeistert war. Das Theater ist die größte
deutschsprachige Sprechbühne.

Nach den Zerstörungen während des Zweiten Weltkrie-
ges wurde das Theater wieder aufgebaut und am 14. Oktober 1955 mit Mozarts »Eine kleine Nachtmusik« eröffnet.
Am Tag darauf wurde Grillparzers »König Ottokars Glück
und Ende« gegeben.

Hier werden oft Theateraufführungen für Kinder veranstaltet, und Führungen gibt es natürlich auch.

Die Universität

Ihr geht über den Ring zur Universität weiter. Die »Haupt-
uni« wurde von Heinrich Ferstel im italienischen Renais-
sance-Stil gebaut. Sie war 1884 fertig.

Endlich konnten die nach der Revolution von 1848
über ganz Wien verstreuten Fakultäten mit ihren Institu-
ten und Studenten in ein gemeinsames, neues Haus einzie-
hen. Es ist noch größer als das Rathaus, aber inzwischen
längst zu klein geworden, denn es gibt schon etwa 90.000

Studenten. Die meisten der Institute sind daher in den letzten Jahrzehnten wieder ausgezogen. Das Rektorat, die Dekanate (ausgenommen Medizin), die Universitätsbibliothek mit dem Archiv und einige Hörsäle, darunter das »Audimax«, befinden sich noch hier.

Schön anzusehen sind das Foyer, der Innenhof mit zahlreichen Büsten berühmter Ärzte wie Gerard van Swieten, Ignaz Semmelweis, Theodor Billroth, Karl Landsteiner und Sigmund Freud, die Feststiege – und der Festsaal, wo immer noch Promotionen stattfinden.

Die Votivkirche

Die nebenan stehende Votivkirche (»ex voto« bedeutet: »einem Gelübde gemäß«) wurde ebenfalls von Heinrich Ferstel errichtet und 1879 geweiht. Sie war eine »Votivgabe« der Völker der Monarchie. Auf Franz Joseph war nämlich 1853 ein Attentat verübt worden, bei dem er aber nur leicht verletzt wurde. *Zum Dank für die Errettung Seiner Majestät,* gelobte sein Bruder Ferdinand Maximilian, der spätere Kaiser von Mexiko, den Bau einer Kirche und rief dafür zu einer Spendensammlung auf – etwa 300.000 Menschen leisteten einen Beitrag.

Die Kirche ist im neugotischen Stil erbaut, ihre Türme sind mit 99 Metern Höhe die zweithöchsten Kirchentürme von Wien.

»Da drüben am Schottentor gibt es eine Straßenbahn-Haltestelle. Nichts wie hinüber durch die Unterführung!«, ruft Joey. »Das letzte Stück der Ringstraße wird wieder gefahren!«

Wie gut das Hinsetzen jetzt tut! Schnell geht es vorbei am roten Börsengebäude auf der rechten Seite und an der ebenso roten Rossauer Kaserne auf der linken Seite, vor der das »Deutschmeister-Denkmal« steht. Joey pfeift den »Deutschmeister-Marsch«, hört aber gleich wieder damit auf, weil ihn eine Dame tadelnd anschaut.

Und schon steht die Bim, hinaus mit euch!

Der Ringturm

Der Ringstraße fehlte bei der Einmündung in den Franz-Josefs-Kai ein architektonischer Abschluss, wie es schon zur Zeit der Monarchie hieß. Seit Juni 1955 steht hier ein solcher Abschluss: der Ringturm, der vom Architekten Erich Boltenstern erbaut wurde. Zuerst hatte man sogar ein zweites solches Hochhaus genau gegenüber geplant, woraus aber nichts wurde. Der 73 Meter hohe Ringturm war mit seinen 20 Stockwerken zur Zeit seiner Errichtung das erste Bürohochhaus der Stadt und eines der höchsten Häuser Europas. Heute entstehen selbst in Wien schon dreimal so hohe Wolkenkratzer (DC-Tower 1 mit 220 Metern) – so ändern sich die Zeiten.

Durch seine Fertigstellung im Jahr des Staatsvertrages wurde der Ringturm seinerzeit als Symbol für den vollendeten Wiederaufbau und den beginnenden Wohlstand der Bevölkerung empfunden.

Joey zeigt ganz hinauf zum Dach: »Schau, dort oben funkelt ein Wetterleuchtturm. Der Mast ist 20 Meter hoch. Er ist mit der Wetterstation auf der Hohen Warte verbunden und zeigt mit seinen 17 farbigen Leuchten die Wetterprognose an: Rot aufsteigend oder absteigend bedeutet steigende oder fallende Temperatur. Rot blinkend warnt vor Gewitter oder Sturm. Grün aufsteigend oder absteigend bedeutet Wetterbesserung oder Verschlechterung, und wenn es weiß blinkt, dann ist Schnee oder Glatteis im Anzug. Praktisch, nicht?«

Die »R«- und »K«-Straßenbahn

»Seit wann gibt es auf der Ringstraße Straßenbahnen?«, willst du noch gerne wissen.

»Zuerst fuhr da ab 1868 noch 30 Jahre lang die Glöckerlbahn, die Pferdebahn der Wiener Tramway-Gesellschaft. Sie hieß so, weil die Pferde Glöckchen am Geschirr trugen. 1898 wurde auf elektrischen Betrieb umgestellt.«

Das war übrigens gar nicht so einfach, denn der Kaiserhof sprach sich gegen die elektrischen Oberleitungen aus: Sie würden die Schönheit der Straße beeinträchtigen. Daher wurden die Triebwagen zuerst mit Akkumulatoren ausgestattet. Etwas später baute man (wie übrigens auch auf der Mariahilfer Straße) elektrische Unterleitungen. Ein eigener Stromabnehmer musste dafür in einen Schlitz am

Boden des Triebwagens eingefügt werden. Die Oberleitungen auf der Ringstraße wurden erst 1915 gebaut.

Zu der Zeit herrschte übrigens ein wesentlich dichterer Straßenbahnverkehr als heute. Die Züge trugen jeweils einen Buchstaben, am Zusatz »R« oder »K« sah man, ob sie über den Ring oder den Kai wollten. Damals fuhr noch alles auf der linken Seite, die Umstellung auf den Rechtsverkehr erfolgte im Jahre 1938.

Die erste Verkehrsampel von Wien wurde 1926 auf der Opernkreuzung angebracht, der älteste Fußgängerübergang 1929 an der Kreuzung Ring/Wollzeile markiert.

Anhang

Kleine Stilkunde für kluge Kinder

Jede Zeit entwickelt ihre eigene Kunst, in der sich die Haltung der Gesellschaft widerspiegelt. Jede tiefgreifende gesellschaftliche Veränderung führt daher zu einer auffälligen Änderung des Baustils. Die jeweils machthabenden Kreise greifen vor allem in Wien stark in die Architektur ein.

Romanik (bis 1250)

Die erste gesamteuropäische Kunstepoche wurde durch die damals neu entstandenen Klöster in ganz Europa verbreitet. Sie übernahm wesentliche Elemente von den Römern: Rundbögen, Pfeiler, Säulen und Gewölbebau.

Als »typische« Merkmale romanischer Bauten gelten Rundbögen, Rundbogenfenster, Säulen mit blockartigen Kapitellen, Wände mit betont wuchtigen Steinmassen und Tonnengewölbe. Die Größe und Mächtigkeit der Kirchen romanischen Stils sollte die Allmacht Gottes und die Stärke des Christentums verdeutlichen.

Verfügten die Kirchen über mehrere »Schiffe«, so überragte das Mittelschiff die Seitenschiffe und erhielt das nötige Licht durch eigene Fenster (Lichtgaden). Die Apsiden (Altarräume am Ende des Chorraums) waren halbkreisförmig, wie schon bei den alten römischen Markthallen.

Du kannst in Wien nicht mehr sehr viele Spuren aus dieser Zeit finden. Teile der Ruprechtskirche, des Stephansdoms, das Fundament des Schweizertrakts der Hofburg, der Gewölbekeller des Heiligenkreuzerhofes und Reste in der Schottenkirche gehören dazu.

Im Mittelalter war die Mehrheit der Wohnhäuser noch aus Holz erbaut und fiel immer wieder verheerenden Stadtbränden zum Opfer, nur die Kirche und der Adel leisteten sich Bauten aus Stein. Sie waren mit freistehenden oder in Nischen angebrachten Statuen und Portal-Löwen geschmückt und außen und innen bunt mit Fresken bemalt, wie wir es unter anderem vom Riesentor des Stephansdoms wissen.

Gotik (bis 1500)

Dieser Stil entstand in Frankreich und war mit dem aufstrebenden Bürgertum verbunden. Bauhütten verbreiteten ihn im Auftrag reicher Fürsten, Bischöfe und wohlhabender Stadtgemeinden in ganz Europa. Gotische Bauten zeigen im gläubigen Streben zu Gott einen Drang nach oben, sie sollten sozusagen bis zum Himmel reichen und als Symbole des Christentums und Herrschaftszeichen weithin sichtbar sein, daher wurden vor allem ihre Türme sehr hoch gebaut.

Auch an nicht-kirchlichen Bauten (Profanbauten) setzte sich dieser Drang nach oben in der Form des Spitzbogens und der hohen, spitzen Dächer durch. Kreuzrippengewölbe, Strebepfeiler und Strebebogen wurden eingeführt und immer mehr verfeinert. Sie leiten den Druck der Mauern von oben ab, daher konnten nun dünnere Mauern mit riesigen Glasfenstern errichtet werden.

Als Grundriss der Kirchen findet sich meist die Kreuzesform, ein Querschiff trennt den vorne eckig abschließenden Chorraum vom Langhaus. Alle Schiffe befinden sich unter einem Dach, das Mittelschiff erhält kein eigenes Licht mehr von außen.

Die Architektur ging eine enge Bindung mit der Bildhauerkunst ein, unzählige Skulpturen verbinden sich mit den Pfeilern zum Gesamtkunstwerk. Die ursprüngliche Farbigkeit ging im Laufe der Jahrhunderte meist verloren, doch künden noch einige erhaltene Glasfenster, Statuen und holzgeschnitzte Altäre davon. Innen waren die Kirchen entweder mit Fresken verziert oder aber bis in die Kreuzrippengewölbe hinauf ausgemalt. Man verwendete helle Töne und zarte, blumige Randbordüren, um die Wirkung der farbigen Glasfenster nicht zu stören.

Im 19. Jahrhundert wurden der Mode gemäß die meisten Farben entfernt, seither ist fast überall der graue Stein sichtbar.

In Wien finden sich viele gotische Kirchen, wie zum Beispiel der Stephansdom, Maria am Gestade, die Augustinerkirche mit der Georgskapelle, die Hofburgkapelle, die Franziskanerkirche, die Deutschordenskirche, Malteserkirche, Minoritenkirche und die Kirche Am Hof. Die Alte Burg und etliche Bürgerhäuser wurden ebenfalls im gotischen Stil erbaut.

Renaissance (bis 1600)

Diese neue Stilrichtung ging von gelehrten Kreisen an italienischen Fürstenhöfen aus. Da sich die Beziehung zu Gott im Zeitalter des Humanismus änderte und man sich nun dem Menschen zuwandte, griff man in allen Belangen auf römische Werte zurück, deren »Wiedergeburt« (»Rinascimento«) erfolgte.

Der gotische Baustil wurde als »barbarisch« empfunden. Man folgte nun strengen Regeln, die Proportionen sind klar und einfach, Baukörper und Verzierungen voneinander getrennt, Rundbogen und Quadrat kehren zurück. Die Bauten, nicht mehr von Bauhütten, sondern von einem einzigen Architekten für einen bestimmen Geldgeber ausgeführt, stehen breit auf dem Boden, selbst wenn die Kuppeln oft beachtliche Höhe erreichen.

Diese Stilepoche hat in Wien wenig Spuren hinterlassen, es gibt keine einzige Kirche in diesem Baustil, nur das Portal in der Salvatorgasse. In manchen Adelspalais finden sich noch Reste, und natürlich in der Hofburg: Die Alte Burg wurde damals umgebaut, das Schweizertor geschaffen. Bedauerlicherweise hat sich die große Palastanlage des Neugebäudes im 11. Bezirk nicht gut erhalten, die schönsten Teile wanderten nach Schönbrunn (Gloriette und Römische Ruine).

Barock (bis 1750)

Der Ausdruck bedeutet so viel wie »extravagant«, »ungewöhnlich«. Allen Kunstwerken dieses aufwändigen und daher der Oberschicht vorbehaltenen Stils ist eine gewisse Bühnenhaftigkeit eigen. Sehr viele der Architekten zeichneten sich auch als Bühnenbildner für die überaus beliebten Opernaufführungen und als Regisseure für die fürstlichen Festlichkeiten aus. Bewegte Formen, Spiegelungen, das Spiel von Licht und Schatten, Illusionsmalerei an Wänden und Decken, ja selbst die Gärten bieten Theatereffekte.

Ellipse, Oval und Kurven sorgen für immer neue Überraschungen. Geschwungene Dachaufsätze, schneckenförmig gerollte Bauteile (Voluten), Muschelformen und unzählige spärlich bekleidete Figuren schmücken die Kirchen und Schlösser.

Die Anlagen waren als plastisches (bildhauerisches) »Gesamtkunstwerk« konzipiert, viele wurden aber wegen der zu kostspieligen Pläne nie fertiggestellt, wie beispielsweise der erste Schönbrunn-Entwurf und die Pläne Karls VI. zur Erweiterung der Hofburg und des Stiftes Klosterneuburg.

Bei den Prunkgebäuden wurde die Mitte besonders betont und die Symmetrie beachtet. Der Barock entwickelte in den einzelnen Ländern Europas jeweils eigene Formen. Das wichtigste Beispiel in Wien stellt die Karlskirche dar, die ebenso wie der Prunksaal der Nationalbibliothek und das Schloss Belvedere zu Beginn des 18. Jahrhunderts errichtet wurde.

Leider wurden viele ältere Kirchen in Wien barockisiert (wie die Michaelerkirche und die Kirche Am Hof) und somit ihrer alten gotischen Ausstattung beraubt.

Die berühmtesten Architekten in Wien waren die beiden Fischer von Erlach (Vater und Sohn) und Lucas von Hildebrandt, dessen Bauten du sehr leicht erkennst: Unter den Fenstern befindet sich überall sein Kennzeichen: die Nabelscheibe (ein Kreis oder Oval mit einem Bauchnabel in der Mitte).

Rokoko (bis 1800)

Ob das Rokoko überhaupt eine eigene Stilrichtung darstellt oder eher als Spätbarock bezeichnet werden sollte, ist eine offene Frage. Es setzt den Barock mit sparsameren Mitteln fort, Bauten und Formen werden verspielter und kleiner, die Symmetrie wird aufgegeben, Muschelformen (»rocaille«) bevorzugt, dazu wird reichlich Blattgold in Innenräumen, aber auch im Außenbereich verwendet.

Das schönste Beispiel für diese Epoche ist Schloss Schönbrunn, das den eher gemütlichen Rahmen für Maria Theresias Hofhaltung bot.

Klassizismus und Biedermeier (bis 1850)

Als die Aufklärung die Rechte der Fürsten in Frage stellte und die bürgerlichen Freiheiten forderte, was in der Französischen Revolution gipfelte, waren die Tage der höfischen Kunst gezählt. Das Bürgertum fand sein Ideal in der griechischen Demokratie, die Künstler folgten, indem sie auf klassische Formen wie Tempel mit Säulen zurückgriffen. Der Theseustempel im Volksgarten und das Äußere Burgtor (Heldenplatz) sind Wiener Beispiele dafür.

Als eine dekorativere Spätform entwickelte sich in Frankreich das Empire, in Wien jedoch das Biedermeier. Es besinnt sich auf die Häuslichkeit, da der Metternich'sche Polizeistaat jede politische Mitbestimmung der Bürger unterband. Die zahlreichen Bauten von Joseph Kornhäusel zeigen diesen eleganten, aber schlichten Stil, der sich ansonsten mehr in der Innenarchitektur, Malerei und in der Musik ausdrückt.

Historismus (bis 1900)

Nachdem es den Bürgern gelungen war, ihre Grundrechte durchzusetzen, nahmen auch die Architekten alle Freiheiten für sich in Anspruch und griffen auf sämtliche vergangenen Baustile zurück. Es gab dabei nur ein Grundkonzept: Durch sein Äußeres sollte jeder Bau seinen Zweck verraten. Dies wurde entlang der Wiener Ringstraße realisiert: Den schönen Künsten und Wissenschaften dient die Neorenaissance (Museen, Staatsoper, Universität), der Demokratie der Neoklassizismus (Parlament), dem Bürgertum und der Kirche die Neugotik (Rathaus und Votivkirche) und dem Kaiserhof der Neobarock (Neue Burg, Burgtheater). Die Maler schwelgten in satten Farben, die Bildhauer in üppigen Formen.

Die Übernahme einzelner Schmuckelemente des Historismus durch den privaten Wohnhausbau wird als Gründerzeit-Architektur bezeichnet.

Jugendstil und Secession (bis 1920)

Als Antwort auf den Historismus entwickelte sich in ganz
Europa der Jugendstil, so auch in Wien. Auftraggeber der
Architekten waren meist gewählte Volksvertretungen. Statt
Schlössern, Kirchen und Museen wurden Zweckbauten im
Zuge der Stadtmodernisierung errichtet. Dazu wurde Stahl
als völlig neues Baumaterial verwendet. Der zu der Zeit
größte Wiener Architekt, Otto Wagner, legte Wert darauf,
dass selbst nebensächliche Dinge wie Geländegitter künst-
lerisch hochwertig gestaltet wurden. Das kannst du noch
heute an den U-Bahn-Stationen und an den Geländern entlang von Wienfluss und Donaukanal sehen. Als Schmuck-
element verwendete man Blumen- und Rankenwerk, an
größeren Bauten auch Gold.
Die Hauptwerke in Wien sind die beiden U-Bahn-Stationen am Karlsplatz, die Postsparkasse sowie die Kirche am
Steinhof. Sie wurde wegen der vergoldeten Kuppel von
den Wienern »Lemoniberg« genannt, da sie an eine halbe
Zitrone erinnert. Bürgermeister Karl Lueger schätzte Wagner sehr, die meisten Mitglieder des Kaiserhauses jedoch
bevorzugten den Ringstraßenstil und sparten nicht mit
Tadel.
   Die Wiener Secession war eine Protestbewegung eini-
ger bildender Künstler, zu denen Gustav Klimt gehörte,
gegen den im Künstlerhaus vorherrschenden Historismus.
Sie schufen sich mit der Secession am Karlsplatz ein eigenes Ausstellungsgebäude. Auch die Gründung der »Wiener Werkstätten« ist als Reaktion auf den Historismus zu
sehen. Schüler Otto Wagners wandten sich vom Jugendstil
zugunsten einer Neuen Sachlichkeit ab (Architekt Adolf
Loos).

Der Gemeindebaustil (bis in die Gegenwart)

Dieser Wiener Stil der 1920er Jahre spiegelt das Selbstver-
ständnis der österreichischen Sozialdemokratie im Roten
Wien wider, am vollkommensten im Karl-Marx-Hof in
Wien-Döbling (Architekt Karl Ehn). Monumentale Gebäude
wurden für die Arbeiterschaft errichtet und brachten deren
politische Macht zum Ausdruck.

Friedensreich Hundertwasser griff in neuerer Zeit die
Idee, Gemeindebauten in Form von Burgen zu errichten,
wieder auf, verbunden mit bunter Farbgebung.

Kurze Übersicht über die Geschichte Wiens

1805+1809	Napoleon besetzt Wien
1806	Auflösung des Heiligen Römischen Reiches Deutscher Nation
1814/15	Wiener Kongress, Gründung der Heiligen Allianz
1848	Revolution
1850	Wiener Gemeindestatut, Eingemeindung der 34 Vorstädte
1857	Schleifung der Befestigungsanlagen
1859	Einverleibung der Bezirke II und X in das Wiener Gemeindegebiet
1865	Eröffnung der Ringstraße
1867	Staatsgrundgesetze
1873	Weltausstellung, Börsenkrach und Cholera
1890–1892	Zweite Stadterweiterung durch Eingemeindung der Vororte
1897–1910	Modernisierungsschub unter Bürgermeister Lueger
1905	Eingemeindung von Floridsdorf
1914–1918	Erster Weltkrieg
1918	Ausrufung der Republik
1934	Ständestaat (Dollfuß, Schuschnigg)
1938	»Anschluss« an Deutschland, das um 97 Landgemeinden vergrößerte Groß-Wien wird Reichsgau
1939–1945	Zweiter Weltkrieg
1944	Luftangriffe
1945	Schlacht um Wien
1948–1953	Marshallplan zum Wiederaufbau
1954	Groß-Wien wird wieder verkleinert (23 Bezirke)
1955	Staatsvertrag
1979	Wien wird UNO-Sitz
1989	Begräbnis der letzten Kaiserin Zita in der Kaisergruft
1995	Beitritt Österreichs zur EU
1998+2006	Österreich hat ein halbes Jahr EU-Vorsitz

Kurze Herrscherliste (Regierungsjahre)

(Ehefrauen sind nur dann angeführt, wenn sie im Buch erwähnt sind, eine vorangestellte Ziffer bedeutet, um die wievielte Ehefrau es sich handelte.)

Mittelalter

Babenberger

Leopold III.
  Markgraf 1095–1136 (Agnes von Waiblingen)

Heinrich II. Jasomirgott
  Markgraf 1141, Herzog 1156–1177 (2. Gattin Theodora Komnena)

Leopold VI., der Glorreiche
  Herzog 1198–1230

Friedrich II., der Streitbare
  Herzog 1230–1246
  Verwandt: Přzemysl Ottokar II.
  Herzog 1251–1278, König von Böhmen

Habsburger

Albrecht I.
  Herzog 1282–1308, deutscher König 1298–1308; Sohn König Rudolfs I.

Friedrich d. Schöne
  Herzog 1298–1330, deutscher Mitkönig (Isabella von Aragon)

Albrecht II.
  Herzog 1330–1358

Rudolf IV., der Stifter
  Herzog 1358–1365

Albrecht III.
  Herzog 1365–1395

Albrecht V.
  Herzog 1404–1439, als Albrecht II. deutscher König 1438–1439
  (Elisabeth von Luxemburg)

Ladislaus Postumus (Laszla)
  Herzog 1440–1457, König von Böhmen und Ungarn

Friedrich V. (III.)
  Herzog 1458, deutscher König 1440, Kaiser 1452–1493

Maximilian I.
  Erzherzog 1493, deutscher König 1486, Kaiser 1508–1519

Neuzeit

Habsburger

Karl V.
  Erzherzog 1519–1521, deutscher König, Kaiser bis 1556, König von Spanien

Ferdinand I.
  Erzherzog 1521, Kaiser 1556–1564, König von Böhmen und Ungarn

Maximilian II.
  Kaiser 1564–1576

Rudolf II.
Kaiser, 1576–1612

Matthias
Kaiser, 1612–1619 (Anna von
Tirol)

Ferdinand II.
Kaiser, 1619–1637 (2. Gattin
Eleonora Gonzaga)

Leopold I.
Kaiser, 1657–1705 (2. Gattin
Claudia Felicitas von Tirol)

Joseph I.
Kaiser, 1705–1711

Karl VI.
Kaiser, 1711–1740

Maria Theresia
Erzherzogin, 1740–1780, Königin
von Böhmen und Ungarn

Habsburg-Lothringen

Franz I. Stephan von Lothringen
Kaiser 1740–1765, Gemahl und
Mitregent Maria Theresias

Joseph II.
Kaiser, 1765–1790, [1765–1780
Mitregent Maria Theresias]
(Isabella von Parma)

Leopold II.
Kaiser 1790–1792

Franz II. (I.)
deutscher Kaiser 1792–1806,
österreichischer Kaiser 1804–
1835

Ferdinand I.
österreichischer Kaiser 1835–
1848

Franz Joseph I.
österreichischer Kaiser 1848–
1916 (Elisabeth in Bayern)

Karl I.
österreichischer Kaiser 1916–
1918 (Zita von Bourbon-Parma)

Kronprinz Dr. Otto von Habsburg
Lothringen
Kronprinz, 1912–2011

Öffnungszeiten

Albertina

1, Albertinaplatz 1
täglich 10 bis 18 Uhr; Mittwoch
10 bis 21 Uhr
www.albertina.at

Ankeruhr

1, Hoher Markt 10–11
täglich 12 Uhr; im Advent täglich
17, 18 Uhr

Burgtheater

1, Universitätsring 2
Führungen: täglich 15 Uhr
www.burgtheater.at

Dommuseum

1, Stephansplatz 6
Dienstag 10 bis 20 Uhr; Mittwoch bis Samstag 10 bis 18 Uhr;
Feiertag geschlossen
www.dommuseum.at

Haus der Musik

1, Seilerstätte 30
täglich 10 bis 22 Uhr
www.hdm.at

Hofburg

Augustinerkirche

1, Augustinerstraße 3
www.augustinerkirche.at

Hofburgkapelle

1, Hofburg-Schweizerhof
Montag, Dienstag 10 bis 14 Uhr;
Freitag 11 bis 13 Uhr
www.hofburgkapelle.at

Kaiserappartements, Silberkammer, Sisi-Museum

täglich 9 bis 17.30 Uhr; Juli,
August 9 bis 18 Uhr
www.hofburg-wien.at /
www.kaiserkinder.at

Nationalbibliothek, Prunksaal

1, Josefsplatz 1
Dienstag bis Sonntag 10 bis 18
Uhr; Donnerstag 10 bis 21 Uhr
www.onb.ac.at

Schatzkammer

1, Schweizerhof
täglich außer Dienstag 9 bis
17.30 Uhr
www.khm.at

Spanische Hofreitschule

1, Michaelerplatz 1
www.srs.at

Jüdisches Museum

www.jmw.at
1, Dorotheergasse 11; Sonntag
bis Freitag 10 bis 18 Uhr
1, Judenplatz 8; Sonntag bis Donnerstag 10 bis 18 Uhr; Freitag 10
bis 14 Uhr

Synagoge

www.jmw.at
1, Seitenstettengasse 4

Montag bis Donnerstag 11.30,
14 Uhr
Ausweis erforderlich!

Kaisergruft

1, Tegetthoffstraße 2
täglich 10 bis 18 Uhr
www.kaisergruft.at

Kunsthistorisches Museum

1, Maria-Theresien-Platz
Dienstag bis Sonntag 10 bis 18
Uhr; Donnerstag 10 bis 21 Uhr
www.khm.at

Michaelerkirche

1, Michaelerplatz
Gruftführungen Donnerstag, Freitag und Samstag 11, 13.30 Uhr
www.michaelerkirche.at

Museum im Schottenstift

1, Freyung 6
Dienstag bis Samstag 11 bis 17
Uhr; Feiertag geschlossen
www.schottenstift.at

Musikergedenkstätten

Beethoven Pasqualatihaus

1, Mölker Bastei 8
Dienstag bis Sonntag, Feiertag 10
bis 13 und 14 bis 18 Uhr
www.wienmuseum.at

Mozarthaus

1, Domgasse 5
täglich 10 bis 19 Uhr
www.mozarthausvienna.at

Naturhistorisches Museum

1, Burgring 7
Donnerstag bis Montag 9 bis
18.30 Uhr; Mittwoch 9 bis 21
Uhr
www.nhm-wien.ac.at

Parlament

1. Dr.-Karl-Renner-Ring 3
www.parlament.gv.at

Rathaus

1, Friedrich-Schmidt-Platz 1
www.wien.gv.at

Römermuseum

1, Hoher Markt 3
Dienstag bis Sonntag, Feiertag 9
bis 18 Uhr
www.wienmuseum.at

Ruprechtskirche

1, Ruprechtsplatz 1
Montag bis Freitag 10 bis 12 Uhr;
Montag, Mittwoch, Freitag 15 bis
17 Uhr
www.ruprechtskirche.at

Staatsoper

1, Opernring 2
www.wiener-staatsoper.at

Stephansdom

1, Stephansplatz
www.stephanskirche.at

Uhrenmuseum

1, Schulhof 2
Dienstag bis Sonntag, Feiertag 10
bis 18 Uhr
www.wienmuseum.at

Literatur & wichtige Links für kluge Kinder

Willst du noch mehr über Wien lesen? Joey hat hier eine kleine Bücher- und Linkliste für dich zusammengestellt.

Wiens Geschichte

Csendes, Peter: Geschichte Wiens. 1981.
Ehrlich, Anna: Kleine Geschichte Wiens. 2011.
Opll, Ferdinand: Leben im mittelalterlichen Wien. 1998.
Pohanka, Reinhard: Hinter den Mauern der Stadt. 1987.

Altes aus Urgroßmutters Bibliothek

Bermann, Moritz: Geschichte Wiens. 1863.
Bermann, Moritz: Sagen und Geschichten aus der Kaiserstadt Wien. 1865.
Kisch, Wilhelm: Die alten Straßen und Plätze Wiens. 1893.
Kisch, Wilhelm: Die alten Straßen und Plätze von Wiens Vorstädten. 1895.
Stifter, Adalbert: Aus dem alten Wien. 1940.

Zum Nachschlagen

Ackerl, Isabella: Geschichte Österreichs in Daten. 2 Bände. 2008–2009.
Brandstätter, Christian (Hg.): Stadtchronik Wien. 1986.
Czeike, Felix: Historisches Lexikon Wien. 6 Bände. 1992–1997.

Interessante Wien-Bücher

Ehrlich, Anna: Wien für kluge Leute. 2011.
Feurstein, Michaela; Milchram, Gerhard: Jüdisches Wien. 2001.
Gugitz, Gustav: Sagen und Legenden der Stadt Wien. 1952.
Haas, Ingeborg: Der Prater. 2007.
Hasmann, Gabriele: Der Stephansdom. 2011.
Lukacs, Gabriele; Bouchal, Robert: Geheimnisvolle Unterwelt von Wien. 2011.
Lukacs, Gabriele; Bouchal, Robert: Unheimliches Wien. 2010.
Mandl, Henriette: Wiener Altstadt-Spaziergänge. 1987.
Pleyel, Peter: Friedhöfe in Wien. 1999.
Szegö, Johann: Vorstadt-Spaziergänge. 2004.
Szegö, Johann: Alt Wien – neu entdeckt. 2010.

Unterreiner, Katrin; Gredler-Oxenbauer, Wilfried: Die Hofburg: Sehenswürdigkeiten, Kunstschätze, Museen. 2009.

Wechsberg, Joseph: Der Dom war mein Lehrer. 1982.

Wiener Stadtwerke: Zeitmaschine U-Bahn. 1994.

Kinderbücher

Holland, Carola; Zauner, Thomas: Wien. Der neue Stadtführer für Kinder. 2006.

Komarek, Alfred: Flugs! Ein Spatz führt durch Wien. 2004.

Kronberger, Hans; Strutzmann, Ruth: Wien für Kinder und andere kluge Leute. 1992.

Närr, Martina: Kind in Wien: Ein Stadtführer für alle, die in Wien mit Kindern zu tun haben. 2012.

Pädagogische Arbeitsgemeinschaft: Alt- und Neu-Wien. 1. & 2. Teil. 1930.

Pongracz, Kristina: Wien für dich! Der Reiseführer mit Comics und Rätseln. 2012.

Rademacher, Christina; Langheiter, Anna: Wandern mit Kindern. Wien & rund um Wien. 2004.

Rademacher, Christina; Kastberger, Erwin: Unterwegs mit Kindern. Wien und Umgebung mit dem Rad entdecken. 2008.

Stüber-Gunther, Fritz: Wien, wie es war. Berichte und Schilderungen. 1920.

Stüber-Gunther, Fritz: In und um Wien. Erzählungen für die reife Jugend. 1924.

Vranovsy, Premysl: Komm mit! Wien für Kinder. 2008.

Winkler, Daniel; Geiger, Gundula; Hübl, Katharina: Kinder entdecken Wien. Ein Erlebnis-Stadtführer. 2006.

Witzmann, Reingard: Mein Wienbuch. 1990.

Wong, Suzie; Klapper, Maja: Wien für Kinder. 2012.

Wichtige Links für kluge Kinder

Sagen: www.sagen.at

Stephansdom: www.stephansdom.at

Habsburger: www.habsburger.net

Schönbrunn: www.schoenbrunn.at/wissenswertes.html

Hofburg: www.hofburg-wien.at

Geschichte: www.wien-vienna.at/geschichte.php

Tipps für einen Wienbesuch: www.wien.info/de/wien-fuer/familien/tipps

Namenregister

Orts- und Straßenregister

Bildnachweis

Bundesdenkmalamt, Johann Nimmrichter (159, oben) / Erzbischöfliches Dom- und Diözesanmuseum, Wien (168) / Museum im Schottenstift (87) / Wiener Sängerknaben (213) / Wikipedia (13, 223) sowie: Alexander Ehrlich (www.ahre.at), Peter Grasz und Barbara Wolfingseder.

Die restlichen Bilder stammen aus dem Privatarchiv der Autorinnen beziehungsweise aus dem Bildarchiv Wienfuehrung (www.wienfuehrung.com). Die Autorinnen bedanken sich für die Abdruckgenehmigungen. Der Verlag konnte in einzelnen Fällen die Rechteinhaber der reproduzierten Bilder nicht ausfindig machen. Er bittet, ihm bestehende Ansprüche mitzuteilen.

Die Autorinnen danken Christa Bauer und Rotraud Turanicz für viele wertvolle Tipps.

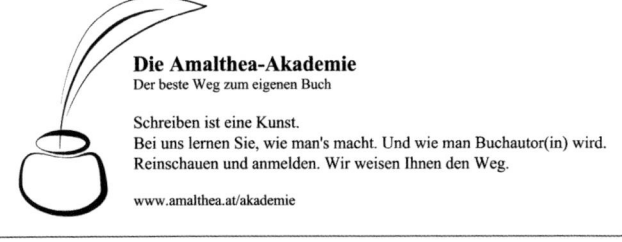

Die Amalthea-Akademie
Der beste Weg zum eigenen Buch

Schreiben ist eine Kunst.
Bei uns lernen Sie, wie man's macht. Und wie man Buchautor(in) wird.
Reinschauen und anmelden. Wir weisen Ihnen den Weg.

www.amalthea.at/akademie

Anna Ehrlich

Wien für kluge Leute

52 Spaziergänge

»Wien für kluge Leute« wurde als kleiner Begleiter für aktive und moderne Menschen jeden Alters geschrieben, für Wiener und für Wien-Besucher, die die Abwechslung lieben und nach kleinen Aktivitäten für sich und die ganze Familie suchen. Die meisten der Spaziergänge kann man ohne lange Anfahrtswege auch mit Kleinkindern bei jedem Wetter unternehmen. Sie sind bequem mit einem Museums-, Verwandtschafts- oder Restaurantbesuch zu verbinden und verschaffen körperliche und geistige Bewegung.

Selbst Wien-Kenner werden auf den 52 »Sonntagswegen« noch Neues entdecken, können beschrittene Pfade eigenständig erkunden und viele interessante Details erfahren.

Mit ausführlichem Informationsmaterial, detaillierten Stadtplänen und einer Sammlung praktischer Insider-Tipps ist dieses Buch ein unverzichtbarer Gefährte auf anderen Wegen zu anderen Zielen.

218 Seiten, ISBN 978-3-85002-747-2
Amalthea

AMALTHEA SIGNUM VERLAG
WWW.AMALTHEA.AT

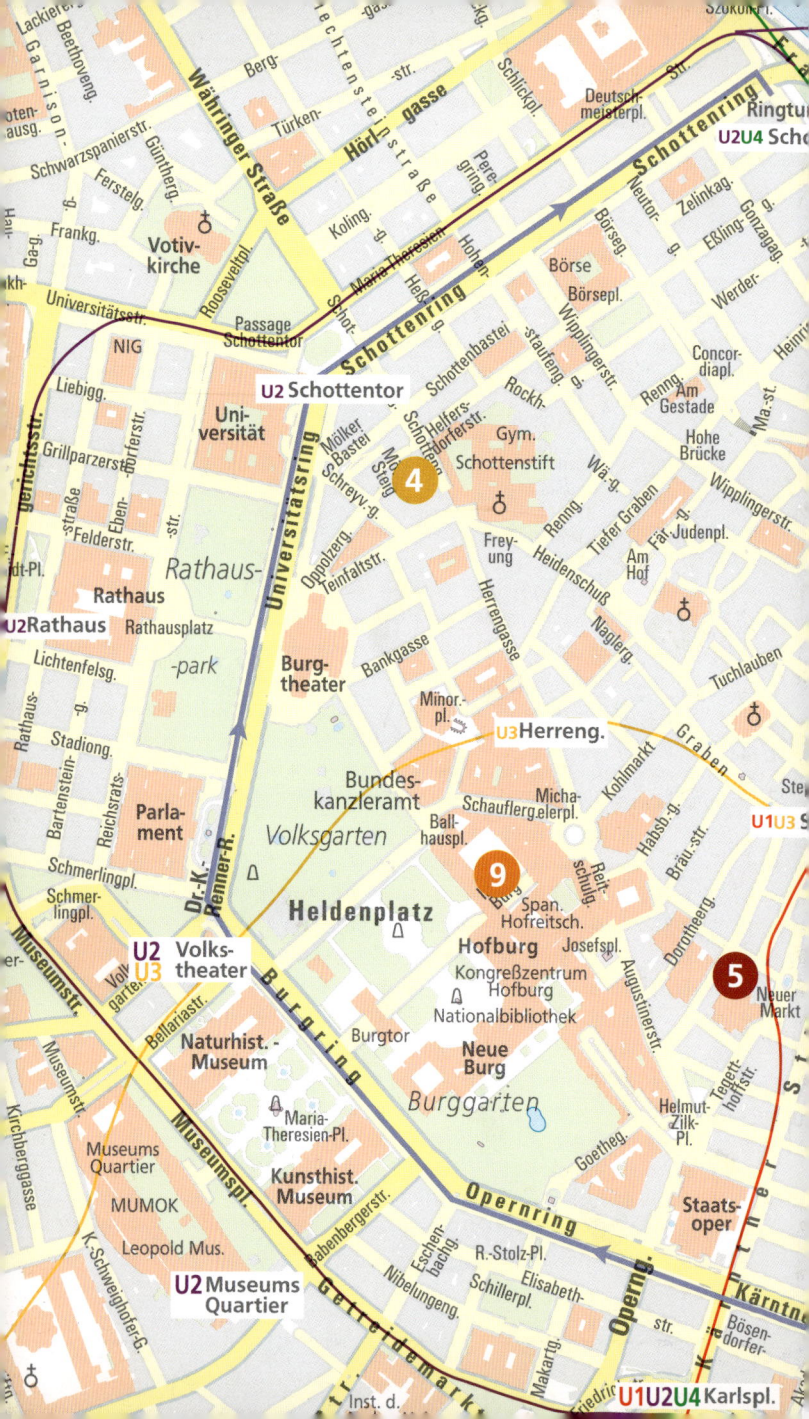